透明な力を

災後の子どもたち

河北新報社 編

東京書籍

神社に大神楽を奉納した後、被災した吉里吉里を歩く大悟君（手前右）と未来ちゃん（同左）（第2部　仮設暮らし4）

養殖ワカメの収穫作業を手伝う宮古市の畠山さんきょうだい（第5部　さらば学びや1）

「子ども夢ハウスおおつち」管理人の吉山周作さんと手作りの公園で遊ぶ子どもたち（第8部　集う4）

大槌町安渡地区の津波の到達点に建てられた木製の碑
（第10部　まちをつくる4）

石巻小レッドベンチャーズ（第14部　野球しようよ1）

R.ventures
宮城

南部神楽を基にした舞踏「みかぐら」を披露する東松島市の鳴瀬未来中の卒業生たち（第15部　みかぐらが好き4）

透明な力を　災後の子どもたち

まえがき

2011年3月11日午後2時46分。東北の地を襲った激震と巨大津波、東京電力福島第1原発事故の災禍は、そこに生きる子どもたちの日常を一変させた。

東日本大震災から5年。災後の歳月を、子どもたちはどう歩んできたのか。そしてどこへ向かおうとしているのだろうか。

風に吹かれ、光を浴び、雲を見上げる。東北が生んだ詩人宮沢賢治は、風から、光から、雲から「いのちの力」を得た。「透明な力」とも称した。東北に降り注ぐ透明な力が、子どもたちを育み、道を照らしてほしい。

東北の被災3県で、震災による遺児・孤児は1700人を数える。仮設住宅に暮らす児童・生徒は宮城だけで一時、６０００人を超えた。「児童・生徒に震災の影響とみられる問題が今もある」。河北新報社が13年12月、宮城沿岸の小中学校を対象に行ったアンケートで、校長の７割がそう答えた。

震災の傷痕は深い。それでも行きつ、戻りつ、前に進みたい。自らの力で人生の扉を開け、未来を共につくっていこう。

そんな願いを込め、災後を生きる東北の子どもたちの姿を追った。

本書は14年１～11月、「透明な力を　災後の子どもたち」のタイトルで河北新報に連載したルポをまとめた。文中の年齢や肩書きなどは連載当時のままとした。

透明な力を　災後の子どもたち　◉目次

第2部 仮設暮らし

第3部 友を思う

第4部 古里を離れて

第5部 さらば学びや

第6部
原発避難

第7部
向き合う

第8部 集う

第9部

里親と暮らす

第10部

まちをつくる

第11部

19年の軌跡　阪神大震災から

第12部

動きだす虹の家

第13部

津波模型班

第14部

野球しようよ

第15部

みかぐらが好き

第1部

踏み出す

Ⅰ. 15歳の誕生日、失った母と妹

２０１４年１月21日

仏壇に供えた２人分の朝ご飯を下げる。「お母さんと妹の分まで、僕が生きなければ」。じっと手を合わせ、自分にそう言い聞かせる。

それが、浜田由治君（17）の日課になった。新たな土地で３年を過ごし、今春、専門学校に進む。

２０１１年３月11日。震災のあの日は、喜びに包まれるはずだった。名取市閖上中を卒業し、自分の15回目の誕生日でもあった。

午前中に卒業式を終え、午後から地元の公民館で「卒業を祝う会」に臨んだ。母の直美さん＝当時(39)＝と妹の瑠衣さん＝当時(13)＝はバースデーケーキを買いに車で出掛けていた。

会が終わるころ、建物が激しく揺れた。自宅は大丈夫だろうか。自転車で様子を見に向かった。家具が倒れ、買ったばかりの大型テレビの画面が割れている。

公民館に戻ると、母と妹が車で迎えに来た。

「家がぐちゃぐちゃだった」「えー」。ドア越しにそんな会話をしていた時だった。「津波が来るぞっ」。叫び声が上がった。

海の方から、煙のようなものが上がっている。「僕は公民館に逃げる。車でそのまま逃げて」。母にそう伝え、公民館の2階に駆け上がろうとした瞬間だった。

足元に水が迫り、引きずり込まれた。もがきながら、がれきにつかまった。偶然、民家の2階に流れ着き、窓ガラスを壊して中に入った。

夕刻。津波がさらった街に雪が吹き付ける。寒さに凍えた。壁からはがれた断熱材を体に巻く。津波に流される直前に見えた道路は、ひどく渋滞していた。お母さんと妹は無事だろうか――。

翌日、気付くと仙台市立病院の病室だった。重い低体温症で、搬送時の体温は30度4分。自衛隊に救助されたらしい。

母親の知人が病室を訪ねてきた。1人で子育てしていた母親は知人に、「何かあった時のために」と遠野市の実家の連絡先を伝えていた。退院した3月19日、その知人が遠野まで送り届けてくれた。

到着して間もなく、遠野の家に連絡が入った。「瑠衣さんの遺体が見つかった」。由治君には告げられなかった。

祖母浜田サトさん(64)は、同居する伯父(44)の車で名取市へ。直美さんの遺体も同じ安置所で見つかったという。

連絡を受けた伯母(40)が告げた。「2人とも、駄目だった……」

部屋に戻って布団に顔を押しつけ、声を押し殺して泣いた。しばらくして、心配した伯母が来て言った。「普通に泣いていいんだよ」

大声を上げて泣いた。

母直美さんと妹瑠衣さんの遺影が並ぶ。仏壇に手を合わせるのが由治君の日課となった

2. したためる怖さと悲しみ

2014年1月22日

地震が怖くて、暗い所にいられなくなった。1人では寝られず、風呂にも入れなくなった。

名取市閖上に住んでいた由治君は震災後、遠野市にある母親の実家に引き取られた。

1カ月間、電灯をつけたまま、隣で伯父が寝てくれた。

祖母サトさんも苦しかった。悲しみのどん底の中、必死に孫を励ました。

「ババだってつらいよ。でも、亡くなったことは、仕方がない。歌じゃないけど、下を見ないで上を向いて行ぐべ、頑張るべ」

震災から1カ月たった11年4月中旬、由治君は遠野緑峰高（遠野市）に入学した。5月の連休に作文が宿題として出された。津波にのまれたこと、母親と妹の訃報を聞いた時のこと……。あの日からの出来事と当時の率直な思いをしたためた。

担任の菊池あき子教諭(45)は驚いた。震災のことはあえて触れず、普通の生徒として接していこう、と思っていた。なのに、思い出すのもつらいはずの体験を、自らの意思でつづっていた。

悲しみと向き合い、必死に前を向こうと、もがく内面が伝わってきた。自らの記憶を語ることは、本人にとっても必要なプロセスかもしれない。そう感じた。

由治君の作文はクラスの代表に選ばれた。事情を知らない全校生徒の前で、発表することになった。

「就職したら、母にしてあげたいこともあったのに、何一つできない。でも、15年前、自分が生まれてくれたことを誰よりも喜んでくれた母のために、希望を捨てずに生きたい」

作文を発表してから、クラスメートに話し掛けられることが増えた。「大変だったんだね」と気遣ってくれる友達が少なくなかった。

閖上中の学年主任だった宮本静子教諭(54)は震災翌年の春、約1年ぶりに遠野を訪れ、由治君と再会した。

高校の校門前で一緒に記念写真を撮った。「こっちでも友達ができました」「よかったねえ」。教え子に自然な笑顔が戻ってきたように見えた。

少しずつ、なじみ始めた新たな暮らし。体格がよく、誰にでも優しい由治君は、クラスの仲間にいつしか、「アニキ」と呼ばれるようになった。

3. 笑える日がいつかきっと

2014年1月23日

月命日のことし1月11日。由治君は墓参りに出掛けた。墓地には、母直美さんと妹瑠衣さんが眠っている。一緒に暮らす祖母サトさんと共に、墓石に積もった雪を払って手を合わせた。「これからも見守っていてほしい」

合格していた宮城農高（名取市）に代わって入学した遠野緑峰高（遠野市）は、母親の母校でもあった。母は3年間、皆勤賞だったと祖母に教えられた。「自分も」と、ほぼ休まず通った。

運動部の大会で校旗を掲げ持つ応援委員になった。遠野市が主催した地元食材を使った料理コンテストに同級生と出場し、グランプリに輝いた。農業関連の検定で校内1位になり、全国大会への出場も果たした。

頑張りはいつも、悲しみと背中合わせだった気がする。ふとした時に、閖上での日々がよみがえる。

休日に友達と海釣りに行き、カレイを釣ったこと。ホームセンターで働いていた母が、週末の休みが取れると、一緒に買い物に出掛けたこと。

妹とは携帯ゲーム機を取り合って、よくけんかをした。もう少し優しくしていればよかった、と後悔している。

震災の3日前、高校受験を翌日に控えた自分のため、母が初めて夕食にカツ丼を作ってくれた。なぜだか無性においしく、「また作って」とねだった。「特別な日だけだよ」。母はそう言って笑った。

4月から一関市にある自動車整備の専門学校に進む。車に関わる仕事をするのが、中学時代からの夢だった。寮生活をしながら、資格取得を目指す。

「難しい仕事もこなせる整備士になる」のが目標だ。就職したらお金をためて、好きなスポーツカーを買いたい。2月からは、自動車免許を取るため教習所に通う。実現したいことは、たくさんある。

遺影の中の2人を見るたび、「お母さんも妹も、まだまだ人生これからだった」と思う。その分、自分がしっかり生きなければ、とも思う。

目の前のハードルを一つ一つ乗り越えていきたい。自分にとっての「特別な日」。いつかきっと来る、と信じている。

4. 避難所生活で見つけた夢

2014年1月25日

つらかった避難生活が、夢を抱くきっかけになった。

岩手県山田町の川村千聡さん(17)＝山田高3年＝はこの春、秋田市の短大に進む。栄養士の資格を取りたい。短大卒業後は栄養士として経験を積み、より高度な管理栄養士を目指す。

11年3月。震災の津波で海沿いの自宅を流され、家族と避難所に身を寄せた。

毎食おにぎり一つの生活だった。会社務めをしていた父毅さん＝当時(53)＝の行方が分からない。不安で押しつぶされそうになりながら、冷えたコメ粒をおなかに入れた。

何日かして、ボランティアが炊き出しに来た。献立はソース焼きそば。出来たての食事ってこんなにおいしかったんだ——。暗い顔だったお年寄りにも笑みがこぼれ、話が弾んだ。

「何か困っていることある?」。ボランティアの1人が声を掛けてくれた。優しさが伝わって、また温まった。「栄養士」のグループだという。こんな大人になりたい、との思いがはじけた。

避難所で4カ月間暮らし、仮設住宅に入った。ふと思い立ち、携帯電話で「栄養士」をネット検索した。仕事の内容、栄養学を学べる学校……。画面を眺めながら、将来の輪郭がぼんやり、浮かんできた。

でも、ためらいがあった。「すぐに働いて、家計を助けるべきではないか」「私なんかが栄養士になれるわけない」

行方が分からなかった父は結局、自宅跡から遺体で見つかった。収入は激減。授業料を免除してくれる奨学金制度は、栄養学系の学校に見当たらない。中学生の弟もいる。勉強にはなかなか、身が入らなかった。

高3の夏、被災3県の高校生が米国に短期留学し、まちづくりを学ぶプログラムに参加した。震災を体験した高校生が、風化を防ぐ活動に携わっていることを知った。自分も地元の役に立ちたい——。踏ん切りがついた。

秋田市の短大には推薦で合格。民間団体からの奨学金で、学費はどうにか工面できそうだ。

山田町は、県内の自治体で唯一給食がない。給食センターの整備計画は震災で凍結された。でも、給食は栄養のバランスがあって子どもが楽しめる食事だ、と思う。

復興を担う子どもたちのため、健康に配慮した給食の献立を考えたい。そんな将来像を思い描く。

震災前は、就職で地元に帰ることなんて考えもしなかった。今は違う。

「多くの人に支えてもらった。次は私が支える番だ」

5. 後悔はしない、だから前へ

2014年1月26日

千聡さんには父への後悔がある。

震災が起きた3月11日は、四つ下の弟の誕生日だった。「おめでとう」。その日の朝、父毅さんは弟にお祝いの言葉を贈った。

自分の誕生日が1週間前にあった。その朝には、何も言ってくれなかった。嫉妬した。中学校まで送ってもらう車中、一言も口を利かなかった。

「気を付けて」。学校に着くと、いつも通り父が声を掛けた。無視してドアを強く閉めた。娘がどうしてむっとしたままなのか、父には分からなかったはずだ。

約10日後、変わり果てた父と葬儀場で対面した。自宅跡のがれきから見つかった遺体の首には大きな傷痕があった。「痛かっただろうな」。泣き腫らした顔が、また涙でぬれた。

新たな住まいとなったプレハブ仮設住宅でも、父の話題は意識的に避けた。代わりに毎日、仏壇に語り掛けた。「テストがやっと終わったよ」「部活の大会があったんだ」

いつでも優しく、温厚な父だった。仕事で疲れていても、嫌な顔も見せず勉強を教えてくれた。元気な時の父の姿を思い浮かべると、気持ちが少し落ち着く。

最近、弟の話し方や歩き方が父に似ている時がある。「それ、お父さんにそっくりだから」と母と笑う。時がたち、思い出話ができるようになったことがうれしい。

栄養士を目指す川村さんはこの春、進学で町を離れる。高校卒業まで2カ月余り。今は友人と過ごす時間を大切にしている。

昨年12月26日。町中心部の仮設商店街にあるイタリア料理店。同級生の沢村愛実さん(18)、佐々木かな子さん(18)と1日遅れのクリスマス会を開いた。

ピザやケーキを頬張りながら話題に上るのは、冬休みの課題や友人の近況、芸能人のうわさ話。たわいもない話で笑い合う。

沢村さんは県内の看護専門学校に進学、佐々木さんは東京で就職する。仲のいい他の友人も進路はばらばらだ。この先、友人と同じ場所で、同じ時間を過ごすのは難しいかもしれない。

家を流された、家族を亡くした、避難所で不安な夜を過ごした……。同じ境遇の友人が周りにいたからこそ、この3年間を乗り切れた。

「話したいことは全部話しておきたい。遊べる時に目いっぱい遊んでおきたい」

高校生活は残りわずか。もう後悔は、したくない。

6. 高校最後の年、避難で転々

2014年1月27日

転校は生まれて初めてだった。「原発避難者」の自分は、どんな扱いを受けるのだろう。不安が拭えなかった。

11年5月上旬。福島県浪江町の高校3年だった今野強貴さん(20)は、古里から約200キロ離れた新潟県柏崎市にいた。

避難生活を続けながら、浪江高から柏崎市の高校に転入することになった。2歳年下の弟と共に初登校のため駅に向かった。

「放射能がうつる」。東京に避難した浪高生がそう言われたらしい。避難所で聞いたうわさ話が、耳にこびりついて離れなかった。

高校生で満員の電車に揺られながら、自分たちだけ目立っているようで顔を上げられなかった。

阿武隈山地に抱かれた津島地区で母と弟、妹の4人で暮らしていた。

11年3月12日。福島第1原発1号機が爆発した。津島は町内で原発から最も遠い。町の指示で住民が続々と逃げてきた。集会所で物資運びや避難者誘導を手伝った。

14日昼、地元の大人が突然、言った。「建物の中さ入れ」。家に戻ってテレビをつけると今度は3号機が爆発していた。

「大勢が避難して来ている。ここは大丈夫」「さすがに2度目の爆発はやばいかも」。楽観と悲観が交錯した。母も判断に迷っていた。

日付が変わろうとしていたころ、呼び鈴が鳴った。「逃げないか」。避難を勧めに来た隣家の住民だった。

着替えと愛用の枕を持ち、母の車に乗り込んだ。どこが安全な場所か、情報は全くない。取りあえず向かった福島市の体育館は、避難者でごった返していた。１週間ほど身を寄せた後、柏崎市の親戚から避難所を紹介され、新潟に移ってきた。

緊張して臨んだ転校初日の休み時間。クラスメートの一言で、肩の力が一気に抜けた。「大変だったでしょう」

柏崎市は新潟県中越沖地震（07年）の震源に近く、多くの生徒が被災体験を持っていた。被災者のつらさが、分かるのだろう。不安は杞憂《きゆう》にすぎなかった。


高校生活最後の1年。浪江高と同じく、野球部に入り、夏の地方大会に出場した。1回戦で敗れたが、野球ができる喜びがあった。

大会が終わると、進路が気になった。保育士になりたい。いわき短大（いわき市）へ進学したい。母に相談すると、「推薦枠がある地元の高校に戻った方がいい」と勧められた。

二本松市に浪江高のサテライト校がある。夏休み明けの授業に間に合うよう、8月下旬、再び県境を越えた。

7. 戻れない故郷、復興って何

2014年1月28日

「美しい故郷を忘れず、町の再興に関わってほしい」。町長の祝辞が心の片隅に引っかかった。「町に帰ってきてほしい」という意味だろうか。そうなら、戻らないと決めた自分は……。

原発事故で全町民が避難した福島県浪江町の成人式が今月12日、町役場が置かれている二本松市であった。

今野さんは津島地区の代表として、成人証書を受け取った。全国に散らばった友人たちとの再会を喜び、近況を報告し合った。

今野さんは原発事故後、家族と共に新潟県柏崎市に避難した。11年8月、二本松市にサテライト校を開設していた浪江高に戻り、いわき市のいわき短大に進んだ。短大は学生の9割が福島県出身で、多くの新入生が避難生活を経験していた。「どこまで避難した?」。それが自己紹介する時の合言葉のようになった。

寮で1人暮らしをしながら、中学時代からの目標である保育士の資格取得を目指した。バスケットボールとフットサルのサークルを掛け持ちし、忙しい毎日を送った。今は保育士免許に必要なピアノの試験に向けて特訓中だ。

放射能に追われ、慌ただしく自宅を出てから間もなく3年。同級生らと原発事故や避難生活の話をすることは、ほとんどなくなった。

原発や東京電力に対する怒りも、実はそれほど湧いてこない。あれだけの地震と津波だ。仕方がない部分もあるように思える。原発が何もかも悪いように言われ、現場で働く人たちが報われないのはおかしいとも感じる。

町長が言うように古里はいい所だった。幼いころは、朝から晩まで野山を駆け回った。車はめったに通らない。代わりに子連れのイノシシが横切るような田舎道で、仲間たちと自転車で競走した。

短大の1学年下に幼なじみがいる。顔を合わせれば、「あのころに戻りてぇなあ」と懐かしむ。決して古里を忘れたわけではない。

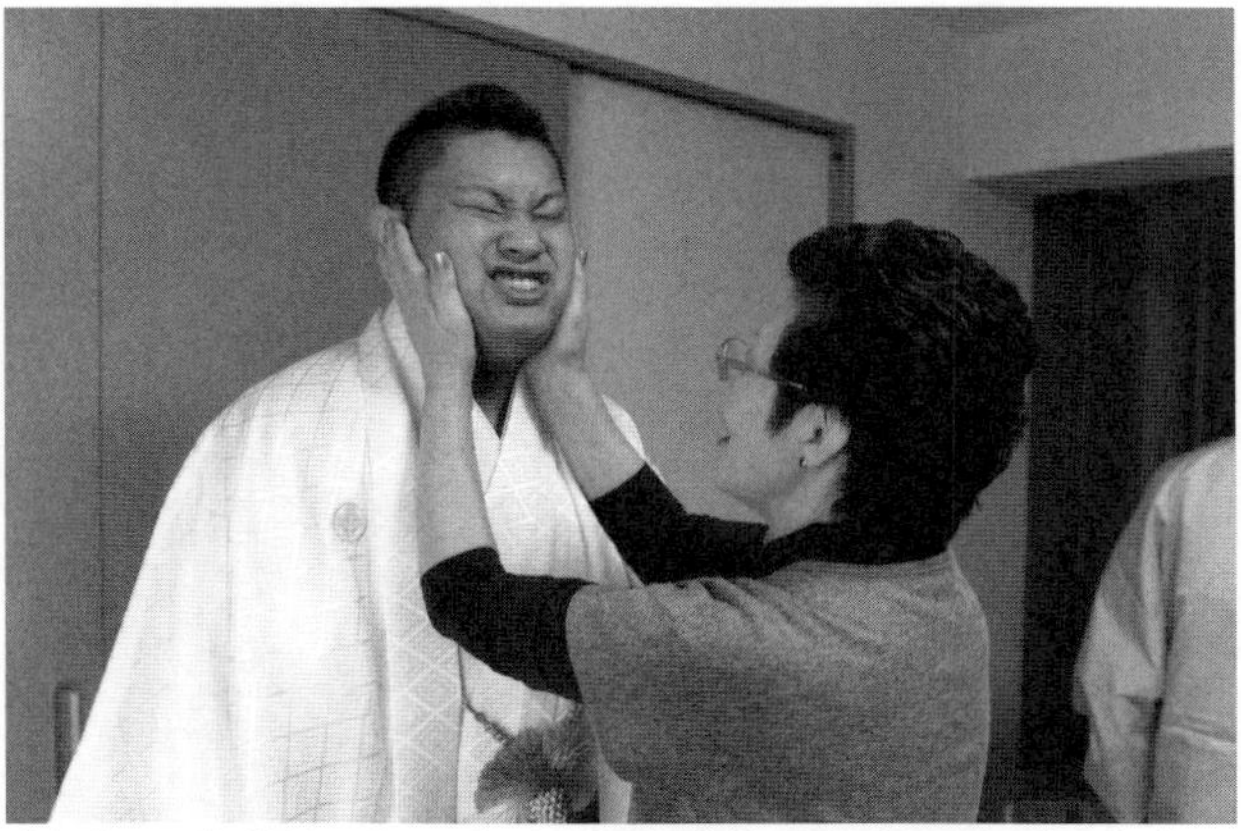
成人式には、岩手県山田町から出てきた祖母が着付けてくれたはかまで臨んだ。「いい男だ」。祖母は今野さんの頬をたたいて送り出してくれた

津島は町でも放射線量が高い地区の一つ。帰還時期は見通せない。もう戻れないと諦めている。二本松市に住む母親も同じ考えだ。「浪江に帰る」と言っている友人は、少なくとも自分の周囲にはいない。

卒業後は、いわき市内の障がい者福祉施設で働くことが決まっている。

復興って何だろう。

仕事をしっかりこなし、いつかは家庭を築く。その答えは、これからの人生の中で見つかると思っている。

絵本作家・澤口たまみさん

「透明な力」が意味するもの生きとし生ける者への愛

東日本大震災で被災した子どもたちの姿を伝える連載のタイトル「透明な力を」は、宮沢賢治の詩から引用した。作品で賢治は、苦難を生きる子どもに温かなまなざしを向け、「透明な力」を生きる糧にしてほしいと祈る。賢治作品に詳しい岩手県紫波町在住の絵本作家澤口たまみさんに、「透明な力」に込めた賢治の思いを聞いた。

花巻農学校（現花巻農高）の教員を務めた賢治は、熱心な教育者でもありました。子どもたちを励ます雰囲気の作品も多く残しています。その根底にあるのは、生きとし生ける全ての者に対する深い愛情です。

「あすこの田はねえ」で始まる詩に出てくる子どもは、貧しく厳しい生活を送っています。でも「透明な力」を得て、自分の頭で考え、自分の足で立つ子に育ってほしい——。賢治はそんな願いを込めています。

「透明な力」とは何か。賢治は、自然界のあらゆるものからエネルギーを得るという感覚を持っています。自然はときに残酷で、厳しさもさみしさも併せ持っています。

全てを自分の感性で受け止め、先入観や既存の発想にとらわれないのが、「透明な力」。正しい力とか、強い力ではないんです。自然も社会も絶えず変化し、正解は一つではありません。「世界全体の幸福」を願った賢治のように、他者を思いやる力も必要です。

震災は想定を超える出来事でした。今こそ、「透明な力」が求められています。悲しみや苦しみを味わった子どもたちがいつしか、大きな「透明な力」を発していくことを願ってやみません。

◎宮沢賢治「春と修羅」第3集より

あすこの田はねえ
あの種類では窒素があんまり多過ぎるから
もうきっぱりと灌水《みづ》を切ってね
三番除草はしないんだ
　……一しんに畔を走って来て
　　青田のなかに汗拭くその子……
燐酸《りんさん》がまだ残ってゐない？
みんな使った？
それではもしもこの天候が
これから五日続いたら
あの枝垂《しだ》れ葉をねえ
斯《か》ういふ風な枝垂れ葉をねえ
むしってとってしまふんだ

……せはしくうなづき汗拭くその子
冬講習に来たときは
一年はたらいたあととは云へ
まだかゞやかな苹果《へいか》のわらひをもってゐた
いまはもう日と汗に焼け
幾夜の不眠にやつれてゐる……

それからいゝかい
今月末にあの稲が
君の胸より延びたらねえ
ちゃうどシャッツの上のぼたんを定規にしてねえ
葉尖《はさき》を刈ってしまふんだ
……汗だけでない
泪《なみだ》も拭いてゐるんだな……
君が自分でかんがへた
あの田もすっかり見て来たよ

陸羽一三二号のはうね
あれはずゐぶん上手に行った
肥えも少しもむらがないし
いかにも強く育ってゐる
硫安だってきみが自分で播《ま》いたらう
みんながいろいろ云ふだらうが
あっちは少しも心配ない
反当三石二斗なら
もうきまったと云っていゝ
しっかりやるんだよ
これからの本当の勉強はねえ
テニスをしながら商売の先生から
義理で教はることでないんだ
きみのやうにさ
吹雪やわづかの仕事のひまで

泣きながら
からだに刻んで行く勉強が
まもなくぐんぐん強い芽を噴いて
どこまでのびるかわからない
それがこれからのあたらしい学問のはじまりなんだ
ではさやうなら
……雲からも風からも
透明な力が
そのこどもに
うつれ……

※苹果はリンゴ

〈さわぐち・たまみ〉１９６０年盛岡市生まれ。岩手大農学部で応用昆虫学を専攻。「虫のつぶやき聞こえたよ」で90年日本エッセイストクラブ賞。著書に「宮澤賢治　雨ニモマケズという祈り」（共著）、絵本「わたしのあかちゃん」など。

第2部

仮設暮らし

I. 休みなき母、子4人が支え

2014年2月12日

東日本大震災から間もなく3年がたつ。今なお、仮設住宅での生活を余儀なくされる子どもたちは少なくない。住み慣れた家を失い、仮の住まいで送る日々。プレハブ仮設住宅で暮らす母親と子ども4人の家族を見詰めた。

ことしも元日朝から、勤めに出た。正月気分を味わう余裕はなかった。

岩手県大槌町吉里吉里の山崎さゆりさん(41)は、プレハブ仮設住宅に住み、4人の子どもを育てる。

シングルマザーの日常は多忙だ。

午前６時半すぎには車で家を出る。震災でＪＲ山田線が不通となり、宮古商高（宮古市）に通う長女早希さん(17)＝２年＝を、約10キロ離れた隣町のバス停に送る。仮設に戻ると長男大悟君(15)＝吉里吉里中３年＝、次男大陽君(12)＝吉里吉里小６年＝、三男未来ちゃん(5)を起こし、朝ご飯を食べさせる。その間に洗濯機を回す。大悟君を中学校まで送った後は、未来ちゃんを預けに保育所へ。ひと息つく間もなく、町中心部にある勤め先のレンタルビデオ店に車を走らす。夕方には、子どもたちの迎えが待っている。

震災から１年半余りの２０１２年10月、離婚した。中部地方の会社で働いていた夫は、震災を体験しなかった。その違いは、離れ離れに暮らす以上に夫婦の距離を遠ざけた。

津波で流された自宅をどう再建しようか。方針などをめぐって、さらに感情の擦れ違いが大きくなった。子どもたちは自分一人で育てると決めた。

一家の大黒柱となった。週５日働き、手取りは月約10万円。児童手当や児童扶養手当を加えても月20万円ほどだ。仮設住宅は家賃が無料とはいえ、やりくりは厳しい。被災地のパートに「アベノミクス」は無縁だ。4月からは消費税の負担が増す。

昨年、山崎家は「修学旅行ラッシュ」だった。早希さんは関西、大悟君は首都圏、大陽君は平泉や松島へ。就学援助などの支援金に助けられた。

店員のリーダー的存在のさゆりさんは、休日でも店に顔を出すことが多い。疲れていても、弱音は吐かない。

仕事の後や車中で、子どもたちとアニメやゲームの話題で盛り上がる。一家は最近、「黒子のバスケ」にはまっている。

子どもたちは、とても厳しく怖かった母が近ごろ、あまり怒らなくなったように感じる。

「たぶん、めっちゃ疲れているからだ」と大悟君。母が仕事で遅くなる時は、代わりに未来ちゃんを保育所に迎えに行くようにしている。

忙しくても、子どもと過ごす何げない日常に喜びを感じる。「以前ならちょっとしたことで、不平不満を言っていたかもしれない」

さゆりさんは震災後、思う。子どもたちが生きている。それだけでいい。前を向こう。

2. 狭い我が家、寄り添う家族

2014年2月13日

6畳の茶の間は寝室を兼ねている。ベッドの脇には、洋服の収納ケースや本棚代わりのカラーボックス。子ども4人と肩を寄せ合い、料理が並んだこたつを囲む。

昨年12月31日夜、岩手県大槌町吉里吉里の仮設団地。さゆりさんは、仮設住宅で3度目となる年越しを迎えた。

長女早希さん、長男大悟君、次男大陽君、三男未来ちゃんとの5人暮らし。この日は、さゆりさんの父と叔母も集まった。

食事が一段落すると、みんなでNHK紅白歌合戦を見る。お気に入りのアニメソン

年越しのメーン料理は焼き肉だった。狭く不便な仮設住宅暮らしでも、笑いが絶えない

グが流れ、未来ちゃんが音量を上げようとする。

「あんまり高くしねえで」。叔母がたしなめた。プレハブ仮設は、隣家とは薄い石こうボードの壁1枚で仕切られるだけ。さゆりさんは「いつも隣には迷惑を掛けている」と恐縮する。


船越湾を見下ろす高台に立つ仮設団地には、9棟30戸に約70人が住む。

山崎さん方は6畳間のほかに、4畳半が二つの3K。国の基準で最も広いタイプとはいえ、40平方メートル程度にすぎない。

カーテンレールやドアにも洗濯物がぶら下がる。玄関先の風除室の半分は、おもちゃなどの収納庫になっている。

「一人部屋がほしい」。昨年春、中学3年になった大悟君が姉にならって希望した。以来、さゆりさんと大陽君、未来ちゃんの3人は茶の間に寝る。

大悟君は、はしゃぐ弟たちが寝静まった後、自室で1人、勉強を始める。

震災前は、吉里吉里海水浴場に程近い場所に住んでいた。築二十数年の2階建てで、部屋は七つ。廊下はストーブが要るほど広く、オルガンや滑り台もあった。走り回って遊べた。

大陽君は2階から望遠鏡で、海の上を飛ぶカモメを眺めるのが好きだった。今は望遠鏡をのぞく気にならない。仮設住宅の窓は小さく、海も遠い。

一家は移転先として、吉里吉里地区の一戸建て型か棟割り型の災害公営住宅を望んでいる。町は15年度の完成を目指すが、建設場所すら決まっていない。

いつ終わるとも知れない仮設暮らし。「不自由さを嘆いていても切りがない」。さゆりさんはそう割り切る。家が狭いことで、家族の距離が縮まった気もする。

日付が変わるころ、一家は近くの寺と神社に出掛けた。さい銭を投げ、手を合わせた。

「笑って、楽しく暮らしたい」。それが、家族みんなの変わらぬ願い。

3. 体育館の生活、友と本が救う

２０１４年２月14日

津波のことはあまり思い出したくない。でも、その後の避難所生活は意外に楽しい思い出だ。

11年３月11日。小学生だった大悟君と大陽君はそれぞれ、学校の教室にいた。校舎が激しく揺れ、校庭に避難した。さゆりさんと未来ちゃんも間もなく校庭にやってきた。

黒い波が、海抜約20メートルの小学校近くまで迫った。より高台の寺へと逃げた。大悟君は未来ちゃんを背負って走った。大陽君が振り返ると、津波に家々がなぎ倒されていくのが見えた。

大陽君はさゆりさんが心配になった。姿が見えない。「どこに行ったの」。1人で泣いた。

さゆりさんは、勤務先のレンタルビデオ店の鍵を閉めるため、町中心部に行っていた。危うく津波から逃れ、走って戻ってくると、ぎゅっと抱きしめてくれた。「母さんが生きててよかった」

吉里吉里中にいて無事だった早希さんが翌日に合流し、小学校の体育館で避難生活が始まった。

最も多い時で約300人が身を寄せた。1人布団1枚分のスペースしかなく、ゴルフボールぐらいのおにぎりだけの食事が続いた。

大陽君は、余震が怖くて寝られなかった。ぜんそくもひどくなり、救護室で、酸素吸引する日もあった。

避難所生活は、悪いことばかりじゃなかった。いつもなら遊ぶ時間が限られる友達と、ずっと一緒にいられたからだ。

図書室がもっぱらの遊び場になった。震災前と変わらず好きな本も読め、心が落ち着いた。

さゆりさんは浸水を免れた自宅2階からおもちゃを持ち出し、みんなのために渡した。

3月29日、6年生だった大悟君は卒業式に臨んだ。会場は視聴覚室。先輩たちのように将来の夢を語る場もなく、あっさり終わった。卒業した実感は湧かなかった。

中学生活のために準備していた学用品は津波で流された。制服は支援物資で調達し、かばんなどは卒業生からお下がりをもらった。

学校指定の運動着だけが足りなかった。運動着を野良着としていた近所のおばさんがいた。さゆりさんが頼んだら、「こんなんでいいの？」と手渡してくれた。穴が空いていたが、ぜいたくは言っていられなかった。

大陽君は、津波のことは多くを語らない。ただ、今住む仮設住宅は海抜70メートル。高台に移ったことで恐怖は少し和らいだ。

4. 伝統の担い手、止まらぬ減少

2014年2月15日

軽快なおはやしが寒空に響く。枯れ草が揺れる更地に、はんてん姿の子どもたち。獅子頭が躍動した。

ことしの元日の朝、岩手県大槌町。大悟君は、地元の大神楽保存会の一員として、地区内を練り歩いた。

一行は約30人。中学生以下の子どもが約3分の1を占める。最年長の大悟君は、難易度が高い悪魔払いの踊り「四方固め」を神社に奉納した。

大神楽には未来ちゃんも参加し、元気よく鉦《かね》を打ち鳴らした。風邪をひいてしまった大陽君は参加できずじまいだった。

大神楽と虎舞、鹿子踊《ししおどり》は、江戸時代から続く吉里吉里地区の郷土芸能。地元の子どもの大半は三つの保存団体のいずれかに入っている。

大神楽の獅子頭や山車は津波で流された。民間団体の支援で道具をそろえ復活したが、保存会会長の平野栄紀さん(59)には気掛かりなことがある。

震災を機に地域を離れる人が増え、少子化に拍車が掛かった。将来、伝統の担い手が不足する恐れがある。


吉里吉里小と吉里吉里中の児童・生徒は合わせて約180人。震災前より80人近く減った。その影響は、学校の部活動にも影を落とす。

吉里吉里中の部活は野球、男女のバレーと卓球、音楽だけ。バレー部だった大悟君は昨年夏の引退後も、練習試合などに駆り出されることが多い。後輩が2年生4人しかいないからだ。

チームは昨秋、釜石・大槌地区の新人大会に出場できなかった。震災前まで大会で競った4校のうち、1校は廃部になり、別の1校も部員がそろわなかった。残る1校が予選なしで県大会に進んだ。

今春、中学生になる大陽君は「おれがやるから大丈夫」と、友達を誘ってバレー部に入るつもりだ。廃部の危機は何とか免れそうだ。

元日の大神楽は約3時間かけて、仮設住宅や災害公営住宅など7カ所を回った。解散する前、大悟君や未来ちゃんたちは、住民からのご祝儀をお年玉として受け取った。

子どもたちの笑顔を見つめ、平野さんは願った。

「震災を乗り越えた伝統芸能を途絶えさせたくない。この子らが教わったことを、年下の子にも伝えていってほしい」

5. 家族を思い、早く社会人に

2014年2月18日

「自分の好きなように生きなさい」。母はいつも力強く背中を押してくれる。同時に「安定した仕事に就いてほしい」とも願っている。

早希さんと大悟君のきょうだいは、そんな母の気持ちに添いたいと思っている。

母は震災から約1年半後、父と離婚した。町内のレンタルビデオ店に勤めながら、自分たちを育ててくれている。

早希さんは、高校を卒業したら、地元を離れて働くのがいいかな、と考えている。

片道1時間かけて高校に通う。震災後、地元志向が強まり、同級生の大半は大槌高に進学した。自分は少し違った環境に身を置きたかった。

中学校の同級生は1人もおらず、不安もあった。今は友達もできた。世界が少しだけ広がった気がする。

狭い仮設住宅での暮らしがいつ終わるのか、見通しは立たない。自分が家を出た方が、家族のためになるかもしれない。ただ、できるだけ母の近くにはいたい。

希望の職業を早く見つけ、県内で安定した仕事に就こうと思う。

大悟君は、地元に残ろう、と思っている。もうすぐ高校受験。大槌高への進学を目指す。

町は震災で、人口の8%近い1284人が犠牲になった。家屋の6割が被災、三陸沿岸で最も深刻なダメージを受けた。

一番の遊び場だった吉里吉里の海辺も変わってしまった。簡単に釣れたアジなどが、あまり釣れなくなった。自転車で走り回った海岸公園周辺は、復旧工事の資材置き場に変わった。

それでもやはり、楽しい思い出が詰まったこの地に住み続けたい。

家計が苦しいのは、分かっている。奨学金をもらって大学や専門学校に進学するよりも、高校を出て、働くつもりだ。

夢は役場職員。漁業以外に目立った産業がない町では、最も安定した仕事に見える。それに、町の職員になれば、古里の力になれるとも思う。

震災から間もなく3年。復興の歩みは子どもの目を通しても遅い。「元のようになるのには10年、20年とかかるかもしれない」

でも、きっと再生できると信じる。「遊び場だって、すぐに別の場所に見つけられた。町は傷ついたけれど、決してなくなったわけじゃないんだから」

第3部

友を思う

I．看護師になる、誓い合った夢

2014年3月14日

東日本大震災で、大切な友達を亡くした子どもが大勢いる。同じ時間を過ごし、泣き笑いした仲間との突然の別れ。無念さを胸に刻み、古里を離れて看護師を目指した学生の思いに触れた。

看護師の卵たちの歌声が体育館に響く。

〈誰にも見せない泪《なみだ》があった　人知れず流した泪があった〉

3月7日、横浜労災看護専門学校（横浜市）の卒業式。陸前高田市出身の村上綾香さ

ん(21)は、あの日からの3年間が歌詞に重なって、歌い続けることができなくなった。共に看護師を目指していた親友の小田春菜さん＝当時(18)＝を津波で失った。自宅は流されたが、自分は間一髪で助かった。喪失感や恐怖心にさいなまれ、幾たび挫折しそうになったことか。

2011年3月11日。自宅近くの高田病院に逃げ、窓越しに川を逆流する真っ黒い波を見た。ごう音と共に濁流が流れ込んできた。怒声と悲鳴が交錯する中、無我夢中で階段を駆け上った。

屋上から眺めた市街地は海になっていた。夜、寒さで凍えた。ごみ袋をかぶったりして少しでも体を温めた。自衛隊のヘリで救助されたのは翌12日のことだった。

春菜さんの安否が気になって仕方がなかった。母親同士が親友で、生まれたころから家族のような存在だった。

連絡がつかぬまま、数日後、遺体の仮安置所で対面した。自宅近くで見つかったという。

「絶対にうそだ」。信じたくなかった。触ったほおが冷たかった。ただ、泣くしかなかった。「ハル　ハル！」

誕生会やひな祭り、クリスマスパーティー、バーベキュー……。楽しみの隣には、いつも春菜さんがいた。

高校は一緒に自転車で通った。聞き上手の姉御肌。恋の悩みなど、いろいろ相談をした。母親が准看護師だった春菜さんは、中学のころから看護師を夢見ていた。責任感の強い彼女にふさわしい仕事に思え、触発された。同じ道を歩もうと誓い合った。

震災から日が浅い3月下旬。がれきが残る陸前高田を離れる日が近づくにつれ、迷いが膨らんでいく。

「自分だけ夢に向かっていいの？」

新しい生活のためにそろえたものは、全て流された。妹や弟たちは明日さえ見えない避難所暮らしを強いられている。

出発の日、避難所で会った春菜さんの母が、涙ながらに背中を押してくれた。

「春菜の分まで一生懸命やってきなさい。応援してくれていると思う」

気持ちがちょっとだけ前を向いた。

横浜へ。父親の知人に車に乗せてもらい、避難所を後にした。荷物は、かばん一つだけだった。

2. 面影が薄れる古里の記憶

2014年3月15日

周囲の助けで新生活は支障なく始まった。でも、「かわいそうな被災者」と同情されたくはなかった。

11年4月、横浜市の横浜労災看護専門学校に入学した。自宅が全壊したため、学校は入寮時期を早めてくれた。先輩たちから日用品や服などを分けてもらった。

気持ちは、なかなか切り替えられなかった。

自己紹介の時、「出身地は岩手」とだけ言った。被災の激しかった陸前高田出身であることを知られたくなかった。

幼なじみの死を受け入れられず、誰かに話すとそれを認めてしまうような気がした。家族を被災地に残し、不自由なく暮らしていることに心苦しさもあった。同級生から聞かれても、自らの体験を深くは話さなかった。「被災してない」。ときにはうそもついた。

担任の和波美香さん(39)は心配だった。「友達ができた」などと気丈に振る舞うのに、表情は硬い。

「つらい気持ちを分かってほしいけれど、触れられたくない」。綾香さんは1人、苦しみを抱え込んだ。

夢に春菜さんが出てきたり、テレビで津波の映像が流れたりすると、感情が高ぶった。勉強に集中できず、眠れない夜もあった。「自分だけが乗り遅れている」。焦りが募った。

2年生に進級したころ、平静さを装い続けることに耐えられなくなった。正直な気持ちを和波さんに打ち明けた。

「みんな気に掛けているよ。いつでも話していいんだよ」。温かい言葉に「1人ではないんだ」とようやく思えた。

看護師を目指す高校の同級生たちの存在も支えになった。

〈ハルの分まで頑張ろうね。いつでも応援してる〉

友達が送ってくれた手紙に、春菜さんとみんなの写真が添えられていた。思い出の写真は流されて1枚もなかった。部屋のコルクボードに張って励みにした。

少しずつ周囲になじみ始めた一方、新たな不安がもたげ始めた。

首都圏での日常は、震災と無縁だ。長期休暇で帰郷しても、春菜さんたちと過ごした思い出の場所はどんどん更地になっていく。面影をたどることができない。

「夢を見ていただけかも」

大事な思い出すら記憶のかなたに消えてしまいそうで、怖かった。

3. 思いは2人分　今、踏み出す

2014年3月16日

夢を諦めそうになる自分を救ってくれたのは、亡き友が生前掛けてくれた言葉だった。「大丈夫。アヤならできる」

看護学校の授業は想像以上にハードだった。勉強漬けの毎日。特に実習はきつく、看護記録作りに追われて徹夜する日もあった。

コツコツ型だが、要領がいいタイプではない。できないと思うことが多く、落ち込んだ。「どうして、私が生き残っちゃったんだろう」

あの日。自宅近くの高田病院に避難した。最上階の4階まで水が迫り、屋上に駆け上がって難を逃れた。

指定避難所の市民会館に逃げるつもりだった。3階建ての建物は津波で水没し、避難したほとんどの人たちが犠牲になった。妹に「病院の方が近い」と促されなかったら……。

母親が准看護師の春菜さんは、中学時代から看護師を目指していた。

「心の強かったハルが進学した方がよかったのでは」「自分は看護師に向いていない」

春菜さんの母親を訪ね、胸の内を打ち明けた。

「気負わなくてもいい。アヤはアヤなりに頑張ればいい」。最愛の娘を失ってつらいはずなのに、励ましてくれた。

投げ出したら彼女の夢まで無にしてしまう。志を果たせなかった友の悔しさ、無念が、折れそうな自分を奮い立たせた。

4月から川崎市の労災病院で働く。しばらくは、高度医療の現場で経験を積みたい。早く一人前になりたい。

通っていた高田高では春菜さんを含め22人が犠牲になった。大切な人がいつ、目の前からいなくなるか分からない。命のはかなさを知った。

避難所で出会った医療関係者の優しい言葉も忘れられない。患者さんに安心感を与えられる看護師になりたい。そしていつか、地元で働きたい。

古里の復興は進んでいない。横浜から帰省するたび、「同じ日本とは思えない」とショックを受ける。

「これからまちはどうなってしまうんだろう」。母に尋ねた。「あなたたちの世代が、復興を担っていくんだよ」

どうなるかではなく、どうにかする。これから、そう考えたい。

看護師として切磋琢磨《せっさたくま》し、子どもができたら家族ぐるみで付き合おう。そう誓い合った友は今はいない。

姿は見えなくても、一緒に働き、成長していける気がする。「ありがとう。これからも頑張るからね」

第4部

古里を離れて

I. 不安な入学式、卒業は笑顔で

2014年3月17日

東日本大震災で古里を離れなければならなかった子どもたちは、新たな土地でどんな日々を送ってきたのか。石巻市から仙台市に引っ越した3姉妹の3年の軌跡をたどる。

笑顔でこの日を迎えられるなんて、3年前は想像できなかった。

8日、仙台市宮城野区の宮城野中。卒業式を終えた遠藤桃華さん(15)は、大好きなクラスメートとじゃれ合って写真を撮り、中学校生活の最後の日を惜しんだ。

震災で石巻市鹿妻南の自宅が住めなくなった。仲の良かったいとこ3人を津波で失った。

震災発生から１カ月後、父伸太郎さん（42）と母桐恵《ひさえ》さん（42）、姉悠華さん（16）、妹裕美さん（11）の５人で仙台に引っ越してきた。

気持ちの整理もつかぬまま慌ただしく臨んだ中学の入学式。「友達はできるんだろうか」。心配でたまらなかった。

悪い予感は的中した。教室では、学区内の出身小学校ごとにグループができていた。ぽつんとしていると、母が廊下を歩いてきた。独りぼっちの姿を見せたくない。クラスメートの輪の中に無理やり入って取り繕った。

学校が始まる前、「石巻弁」が出てばかにされないようにと、自己紹介を姉妹で何度も練習した。結局、名前しか言わなかったのに、イントネーションが変だったのか、笑われた。

石巻に帰りたい。小学校の友達に会いたい。何で仙台に来たんだろう。でも、両親には何も言えなかった。

「仙台に連れて来てよかったのだろうか」。桐恵さんは、無理して明るく振る舞う娘がかえって心配になった。

しばらくして心を許し合える友達ができると、桃華さんはやっていけそうな自信が出てきた。

「名前、同じだよね」。偶然、漢字も同じ名前のクラスメートがいて、声を掛けてくれた。2人でバドミントン部に入った。「モモ」と呼び合った。

震災のことも話した。、石巻の友達の写真を見せると、「私も石巻に行きたいな」と言ってくれた。石巻の花火大会に一緒に出掛けたりした。

持ち前の笑顔が戻った。クラス替えなどで独りぼっちになっている人がいると、積極的に話し掛ける。入学式の時のさみしさを思い出し、放ってはおけない。卒業文集のアンケートで、「クラスを明るくしてくれた人」の1位に選ばれた。

それでも、古里を離れた悲しみが消えたわけではない。できるならば戻りたい。

卒業式が終わって家に帰り、石巻の友達にメールを送った。

〈卒業式お疲れ。春休みに小学校のクラス会やろうね〉

2. 家族5人で安らげる場へ

2014年3月18日

夫と長女の安否が分からない。余震が続く避難所で、娘2人を抱き寄せた。「残った3人で生きていこう」。一時はそんな覚悟もした。

2011年3月11日。石巻市鹿妻南に住んでいた遠藤桐恵さんは、市内にある勤務先の信用金庫から自転車で自宅に戻り、次女桃華さんと三女裕美さんが通っていた小学校に急いだ。

「津波が来てる」。悲鳴が上がる。バキバキと家がなぎ倒される音。必死にペダルをこいで難を逃れ、2人に会えた。

「友達と遊びに行ってきま～す」。長女悠華さんはのんきな書き置きを残していた。無事を祈るしかなかった。

仙台市で働く夫の伸太郎さんが小学校にたどり着いたのは翌日夜。夜明け前から市内を探し歩き、隣の学区の中学校で悠華さんを見つけ出してくれた。

「どごさ行ってだの！」。怒ったふりをしながら、抱きしめた。

自宅は1階の天井まで津波が押し寄せ、ぐちゃぐちゃになっていた。家の周りには流されてきた車が折り重なり、シートをかぶせただけの遺体があちらこちらに見えた。

信じがたい知らせも入った。娘たちと同年代で、しょっちゅう行き来していたおいとめいの3人が亡くなった――。

避難所から毎日、仕事で仙台に向かう伸太郎さんの車に家族全員が乗り込んだ。桐恵さんは、5人が一緒でなければ不安だった。

浸水を免れた自宅2階で片付けをしていた3月末、津波注意報を告げるサイレンが鳴った。まとめていた荷物に気をとられ、すぐに逃げようとしない桐恵さんに、伸太郎さんが怒鳴った。「何やってんだ。早く逃げろ」

家族が離れ離れの時に、また大きな地震があったら耐えられない。伸太郎さんは、職場がある仙台にとりあえず引っ越した方がいいと思った。

仙台市中心部に空き部屋を見つけることができた。「ここには津波、来ないよね」。娘たちが少し安心して眠れるようになったのが何よりだった。

伸太郎さんも桐恵さんも石巻育ち。地元を離れることにはためらいがあった。仙台の学校に休まず通う娘たちの姿に「もう振り回せない」とも感じた。そのまま住み続けることになった。

震災発生から3年が過ぎたこの15日、裕美さんの誕生会を開いた。3年前は避難所で菓子パンをケーキ代わりに祝った。失いかけた家族の笑顔がある。それだけでいい。桐恵さんはしみじみ思った。

裕美さんが仙台で誕生日を迎えるのは3度目。ことしも家族みんなでお祝いをした

3. 狭い家で工夫、母の日は特別

2014年3月19日

母の日の「サプライズ」は遠藤家の恒例行事だ。住むところが変わり、家が狭くなっても、3姉妹は続けたかった。

昨年5月の日曜日。「ママ、文房具屋さんに連れてってよ」。末っ子の裕美さんが、母親の桐恵さんを誘い出した。

2人が出掛けると、長女悠華さんがケーキ作りに取り掛かり、次女桃華さんは近所のスーパーに買い出しに走った。

遠藤さん一家は石巻市鹿妻南にあった自宅が津波で被災。それから1カ月後、父伸太郎さんの職場がある仙台市宮城野区に引っ越した。２度の転居を経て、ＪＲ仙台駅東口近くの賃貸マンションで暮らす。

震災発生の５年前に買った石巻の家は２階建てで、リビングのほかに部屋が四つあった。

宮沢賢治の「注文の多い料理店」をまね、「髪をとかしてください」「ワンピースを着てください」といった指示書をあちこちに置いたりする凝った企画もできた。

みなし仮設は２ＬＤＫ。大がかりな仕掛けはできなくなったけれど、３人は母への変わらぬ感謝を伝えたかった。

部屋にこっそり隠していた花束を、戻ってきた母親に贈った。桐恵さんは娘たちの作戦に気付いていた。でも、うれしくて驚いたふりをして歓声を上げた。

６畳の洋室が３人の寝室だ。布団を敷き詰めて寝る。周囲には洋服や学校の道具があふれる。リビングは夜、桐恵さんの寝室に変わる。伸太郎さんが４畳半の和室を仕事部屋兼寝室として使っている。

勉強場所の確保にも苦労した。家に学習机を置けるスペースはない。高校受験を控えていた悠華さんは、キッチンにござを敷いて小さな机に向かった時もあった。

仙台駅前の複合ビルに見つけた図書室には、「自習場所ではありません」と貼り紙があった。足を延ばした別の図書館は、人が多くて落ち着かない。

市の広報紙で復興支援のＮＰＯが学習スペースを提供しているのを知った。週３、４日、放課後に３人で通い出した。

ボランティアの大学生が指導してくれる。「お兄さん、お姉さんが優しく教えてくれるんだ」と裕美さん。勉強が終われば、学校の出来事や石巻の思い出話に花を咲かす。

環境が大きく変わり、寂しい思いもしているのに、３人は愚痴やわがままを言わなかった。「けなげに頑張る姿を見て親も元気をもらっている」。伸太郎さんと桐恵さんはそう感じている。

4. 3姉妹の望郷、時がたち三様

2014年3月20日

黄色の外壁が3人のお気に入りだった。傷だらけになった玄関の扉を開け、足を踏み入れると、懐かしい匂いがした。

悠華さんと桃華さん、裕美さんの3姉妹は昨年8月、津波で被災した石巻市鹿妻南の自宅を久しぶりに訪れた。

お盆明けに解体されることが決まっていた。震災前の5年を過ごしたわが家。穏やかな日々の思い出が次々よみがえる。

友達が集まる「たまり場」だった。リビングのカーテンを閉め切ってお化けごっこ

石巻の家から持ち帰った表札と黄色い外壁のかけら。みなし仮設住宅の玄関に飾っている

をした。友達が来るたびにパンケーキを作って食べた。

母桐恵さんが庭でイチゴやハーブを育てた。木工作家の伯父が造ったウッドデッキがあった。津波で亡くなった3人のいとことスイカ割りやバーベキューをした。

津波は1階天井まで押し寄せた。まるで洗濯機でかき回したように部屋の中はめちゃくちゃになり、柱だけが残った。

一家で安心して暮らせる場所を求め、父伸太郎さんの職場がある仙台市宮城野区に引っ越したのは、震災発生から1カ月後のことだった。

思い出の詰まった家がない。3姉妹はそれぞれ仙台の学校に通い、新たな土地での生活に少しずつ慣れていく。時がたつにつれ、古里への思いは三者三様に移り変わってきた。

桃華さんは昨年、石巻の北上川開き祭りの花火を仙台の友達と一緒に見た。「花火、まじヤバいね」。友達が祭りに感激する姿に古里がまた好きになった。足を運ぶたび、「このまま離れたくない」という気持ちが強まる。石巻の高校を受験しようと考えたこともある。

悠華さんは、怖い思いをした石巻で再び生活することにはまだ抵抗がある。津波を逃れて家族と離れて避難し、二晩独りぼっちで泣き明かした。仙台に引っ越す時、後ろめたさもあったが、心の痛みはまだ癒えない。

裕美さんは石巻の友達3人と文通を続ける。〈ひろみちゃんが石巻に帰ってくるといううわさがあります〉。ある時、手紙にそう書いてあった。

桐恵さんに確認したけれど、そんな話はなかった。自分が戻ってくることを期待している友達をがっかりさせないよう、どんな返事を書けばいいか困ってしまった。「石巻は好きだけれど、仙台にたくさん友達ができたし……」。古里での楽しい思い出を大事にしながら、前を向こうとしている。

5. 心に傷負う子、癒やせる人に

2014年3月21日

傷ついた子どもの心を癒やしたい。悠華さんは、震災のつらい体験を、将来の職業に生かしたいと思う。

石巻市鹿妻南の自宅が被災した。父伸太郎さんと母桐恵さん、妹の桃華さんと裕美さんの5人で仙台市宮城野区のみなし仮設住宅で暮らす。

震災発生から2日後、家族と離れ離れになった避難所に父が迎えに来てくれた。安心感はすぐに消えた。現実とは思えない話を聞いた。

近所に住んでいた、いとこの遠藤花さん＝当時（13）＝、奏さん＝同（8）＝が津波にのまれて亡くなり、侃太《かんた》君＝同（10）＝は行方不明だという。

「また一緒にカラオケに行きたいな……」。外の様子が分からない避難所で、そんなことを思ったりしていた。心が張り裂けそうになった。泣き崩れた。

花さんとは同い年で、特に仲が良かった。そろって渡波《わたのは》中に入学した。見せ合ったテストの成績はいつも同じぐらい。友達に「見た目も性格もそっくりだね」と言われたこともある。

中学で始めた交換ノート。「好きな人ができた」。花さんから告げられた。「応援するね」と約束した。

仙台の中学校に転入し新学期が始まっても、心にぽっかり穴が開いたままだった。1人でいると落ち込んでしまう。不意に涙がこぼれ、窓の外をぼんやり眺めることが多くなった。

石巻の中学時代と同じ吹奏楽部に入ろうとしたが、ちょっとの間、練習しないだけでクラリネットが吹けなくなっていた。情けなくなった。

部員不足のソフトボール部に誘われた。運動は大の苦手。グラブのない右手で捕球し、指の骨が折れた。練習は休まず、左手だけで素振りした。フォームが安定し、大会に指名打者で出場できた。気持ちが少し上向いた。

子どもが好きで、震災前から保育士の道を進もうと思っていた。悲しい体験を経て、親しい人を亡くしたりした子どものために働きたいと願うようになった。

児童養護施設で働く心理カウンセラーを紹介するテレビ番組を見て、「こういう人になりたい」と思った。大学に進学し、心理学を専攻しようと考えている。

あの日から3年がたった11日、両親と妹と、いとこの自宅があった場所を訪ねた。祭壇にじっと手を合わせ、誓った。

「みんなの分まで頑張るよ」

第5部

さらば学びや

1.「海に生きる」受け継ぐ志

2014年3月23日

東日本大震災で校舎が被災したり、子どもの数が減ったりしてやむなく閉校する学校が相次ぐ。本州最東端に位置する宮古市千鶏《ちけい》小もこの春、137年の歴史に幕を閉じる。地域と共に歩んだ学びやと子どもたち。終幕を控えた日々を追った。

津波を見て、海が怖くなった。今は違う。以前のように浜仕事を手伝う。

3月上旬の日曜日、宮古市東部の重茂《おもえ》半島にある石浜地区。千鶏小6年の畠山渚さん(12)は自宅横の作業場で、早朝からワカメのメカブ切りに精を出した。

フォークに似た道具で茎からメカブを切り落とす。５歳の時から手伝っている。祖母玲子さん(62)にも負けない手つきの良さだ。

弟で１年生の澪迅《れいじ》君(７)が丸まったメカブを見つけ、「キャッチボールをしよう」と言い出す。「ちゃんとやってよ」と注意する。

妹の音波《おとは》ちゃん(５)は見よう見まねで手を動かす。

渚さんと澪迅君が通う千鶏小は震災で校舎が被災し、３月末で閉校することになった。約10キロ離れた重茂小に鵜磯《ういそ》小と共に統合される。

渚さんの父光久さん(31)と祖父の光八さん(66)、曽祖父の故孫太郎さんも千鶏小の卒業生。代々漁業を営んできた。

光久さんが沖出しした１隻を残し、船や養殖施設は全て津波で流された。自宅は１階天井まで浸水した。

渚さんは、澪迅君と母志緒里さん(31)と一緒に自宅裏の斜面をよじ登って津波から逃げた。集落が茶色の波にのまれていくのを見た。

光久さんは震災直後から、がれき撤去をしたり、使えそうな船を修理したり復旧作業に走り回った。震災発生から2カ月後の5月には、天然ワカメの漁を再開させた。

渚さんはしばらく海が怖かった。家を修理している間も「住むのは嫌だ」と思った。

翌年春、光久さんに促されて、養殖ワカメの収穫作業をしぶしぶ手伝った。気持ちの整理をする間もなく、元の浜の暮らしに戻っていった。ここに住む以上、海と共に暮らしていかなければならない——。光久さんは分かってほしかった。

昨年秋。同級生が親を手伝って船に乗っていることを知り、澪迅君は「僕も行きたい」と泣いた。初めてアワビ漁に出て「パパのようになりたい」と思った。

千鶏小で15日にあった最後の卒業式と閉校式。

「大きな災害に見舞われても、家族と汗を流して海に生きる文化を引き継ぎ、成長したみんなは素晴らしかった」

畠山博明校長(58)は子どもたちをたたえた。学校はなくなるけれど、浜の集落は残る。親や地域から学び、魂を受け継いでほしい。そんな願いを込めた。

メカブ切りを手伝う（左から）渚さん、澪迅君、音波ちゃん

2. 3年は仮校舎、それでも感謝

2014年3月24日

3年ぶりの校舎は、あの日のまま、時間が止まっていた。

6年の畠山奈巳さん(12)は今月10日、被災した母校に足を踏み入れて驚いた。2階の教室の床には津波の痕跡が残っている。ほこりも厚く積もっていた。「2011年3月11日」。チョークで書かれた黒板の日付は震災後、書き換えられていない。「日直　奈巳」。3年前の自分の文字もある。「下手だったんだな」。ちょっぴり成長を感じた。

校舎が被災した千鶏小は3年間、約10キロ離れた重茂小で授業を続けた。卒業式と閉校式をどちらの学校でやりたいですか――。先生の問いに24人の児童全員が「元の学校で」と答えた。

15日の式に備え、この日はリハーサルのため、3年ぶりに児童たちが母校に集まった。

震災の当日。津波は海抜22メートルに立つ校舎2階にまで押し寄せた。学校に残っていた児童11人と教職員9人は、校舎裏の細い道をよじ登って難を逃れた。保護者に引き渡された17人のうち、２人が行方不明になった。きょうだいや祖父母を失った児童もいる。児童の大半の家が被災し、３人が転校した。

重茂小で新学期が始まったのは、震災発生から１カ月半たった4月下旬。先生たちは、行方が分からない児童の机や靴箱も用意した。

集会室をついたてで仕切っての授業。1年生が朗読をしている隣で、2年生が算数を勉強した。

「静かにしなきゃ、といつも思っていた。みんな、なんだか気を遣い合っている感じだった」。6年の渚さんは当時を思い出す。

歩いて千鶏小に通っていた児童もバス通学を余儀なくされた。片道最大45分。半島の道路は細く、カーブが続く。車酔いする児童もいた。

授業中、ちょっとした物音でびくっと反応する子どもが少なからずいた。落ち着かせようと、先生たちは休み時間もできる限り児童と一緒に過ごした。

冬休み明け、集会室に壁が取り付けられ、少し落ち着いた環境が整った。児童たちは次第にバス通学にも慣れ、車中で本を読めるようになった。

小学6年のうち、半分の3年間が仮校舎での学校生活。「泣いたことも、怒られたことも宝物。たくさんの思い出をくれた千鶏小、本当にありがとう」

15日の閉校式。奈巳さんは児童を代表し、集まった地元住民や卒業生ら約100人を前に感謝の言葉を述べた。

3. 思い出は永遠、新たな出発へ

2014年3月25日

学校は、浜の人々のよりどころだった。閉校の方針に、震災で傷ついた地域は揺れた。

千鶏小はこの3月末、137年の歴史に終止符を打つ。

12年春、市教委が統合を検討しているという話が、集落に広がり始めた。

校舎の2階まで津波が押し寄せ、再建の見通しが立たない。震災前に30人を切った児童が、増える見込みは薄かった。

「拠点がなくなる」「人がまた減ってしまう」。年配の卒業生を中心に反対の声が上がった。

地域は、学校と共に歩んできた。運動会は住民総ぐるみで盛り上がる。全校児童が一輪車に乗って演技を披露し、参加者全員が校歌に合わせ踊った。

風土や文化が違う内陸から赴任する先生たちとの交流も、活力になった。「先生方が浜に新しい風を運んでくれた。刺激になった」。PTA会長を長年務めた木村民茂さん(67)は振り返る。

昭和30年代、児童は100人を超えた。今は男子が1人だけの学年も複数ある。保護者も悩んだ。「少人数の環境が子どもにとっていいのか」

住民は何度も話し合いを重ねた。統合やむなし——。12年暮れに市教委の方針を受け入れた。

昨年春。校舎を借りて授業を続けてきた重茂小で、畠山校長は千鶏小がなくなることを児童に伝えた。

「やっぱりそうなっちゃうんだ」。6年の畠山美早紀さん(12)は、家で親が話しているのを聞き、うすうすは感じていた。「人数が少ないから仕方ないのかな」と受け止めた。

4年の高屋敷朱由《しゅう》さん(10)は「あの校舎には1年しか通えなかったんだな」と思う

と、何だかさみしかった。

地域に愛された学びやの歴史を後世に残そう。畠山校長はお年寄りに声を掛けて昔の写真を集め、アルバムを作った。在校生24人の手形をはめ込んだ記念碑造りにも奔走した。

重茂小には、同じく教室を借りている鵜磯小も統合し、新しい学校の児童は100人に増える。

ことしに入り、統合に向けた準備が本格化した。3校合同で体育の授業を行ったりした。

4年の畠山愛深《まなみ》さん(10)は、ポートボールで初めてチーム競技の面白さを知った。

「全部負けちゃったけど、楽しかった」

3年で唯一の男子、畠山知晃君(9)は千鶏小の伝統だった一輪車にまた乗りたい。

「重茂小にも一輪車クラブができないかな」と思っている。

閉校記念の石碑の除幕式で、地域の人たちと一緒に校歌を歌った

第6部

原発避難

Ⅰ. 親と離れ生活、我慢もう無理

2014年3月27日

福島第1原発事故で、多くの子どもが古里での暮らしを奪われた。親と離れて避難生活を送る子どもも少なくない。家族離散に追い込まれた福島県飯舘村出身の姉妹3人にとっての原発事故、そして今をつづる。

両親は帽子を目深にかぶり、マスクをして出て行った。顔がこわばっているのが子どもの目にも見て取れた。

2011年3月27日。佐藤ちさとさん(15)は避難先の栃木県那須塩原市の親戚宅から福島県飯舘村に帰る父(42)と母(42)を見送った。12歳で小6の時だった。

原発事故直後で村は放射能の恐怖のただ中にあった。2日前に両親、2人の姉、祖母(69)と避難してきたばかり。両親は勤め先の地元農協から帰還要請を受け、子を置いて引き返した。

親ともう会えなくなるのではないか。不安が頭をよぎり、慌てて首を横に振ってかき消した。

「原発20キロ圏内に避難指示」。事故翌日のテレビニュースを思い出す。家の勉強部屋で地図帳を開き、コンパスで20キロの円を引いた。家は外れていた。「セーフ」と胸をなで下ろす。放射線がその時、北西の風に乗って村に降り注いでいるとは知る由もなかった。

4月、両親が子の元に一時戻った。今後を話し合う。長女は15歳で、いわき市の高専に進んで学生寮に入る。次女は13歳で中2。自分も中学進学を控えていた。

村は避難区域に指定される。両親は仕事で地元を離れられず、相馬市に夫婦だけで生活拠点を置いた。ちさとさんは次女、祖母の3人で那須塩原市に残り、現地の学校に進むことになった。

制服は卒業生のお下がり。ぶかぶかで手の甲が袖に隠れた。

「どこから来たの?」。同級生に聞かれた。

「飯舘村」。恐る恐る答えた。村の放射能汚染が連日報道されていた。

「知らない」

拍子抜けした。それだけ遠くに来たと思った。

クラスにはなかなかなじめなかった。友達になってくれる子を探し、グループを転々とした。

親戚宅にいつまでも厄介になれず、3人で市内のアパートに移った。月3万5000円の2Kだった。

両親は毎週末にやって来た。1週間分の会話を2日間に詰め込んだ。

長女の夏休みに合わせて、久々に全員がアパートにそろった。「お姉ちゃんがいわきに行ってせいせいする」。強がる元気は残っていた。

狭い家で、寝ても覚めても祖母と姉と顔を突き合わせる。ストレスが募り、何でもないことで姉とけんかした。顔を合わせたくない時も同じ部屋にいるしかなかった。

12年4月。避難生活は1年を過ぎた。感情を抑えられなくなり、便箋にぶつけた。

〈毎日イヤなことばっかで、学校では1人で過ごす時間が多いんだ。1人でいる時間は寂しい〉

宛先は一番上の姉。強がる余裕はもうなかった。

2. 折れそうな心、部活に救われ

2014年3月28日

SOSだ。

佐藤ちひろさん(18)は妹のちさとさんから届いた手紙を見て、そう察した。避難先の学校に溶け込めない孤独感を訴えている。

12年4月。避難生活が始まって1年がたっていた。妹は当時13歳。3人姉妹の末っ子だ。原発事故で福島県飯舘村から栃木県那須塩原市に避難し、現地の中学校に通っていた。

自分はいわき市の高専に進み、寮生活をしている。那須塩原市ではちさとさんと、当時14歳で中3の次女、祖母が暮らしていた。父と母は勤め先の都合で相馬市にとどまっている。原発事故は一家を3カ所に分散させた。

文面から妹の心が折れそうになっているのが伝わる。励ましてあげなきゃ、と思った。だが、何もできなかった。

自分もピンチだった。親と離れて暮らす生活に順応しきれず、妹を気遣うゆとりがなかった。

吹奏楽部に入った。練習はハードで夜まで続く。寮の暗い部屋に戻り、電灯のひもを引っ張る。部活動は夏休みにもあり、家族とは年に3、4回会えるだけだった。

寮から母に電話した。

「どうかしたの？」

「何でもない」

母が心配するといけないから、適当に話題を作って会話を持たせた。

授業中、古里を思い出すことがある。のどかな田園風景。祖母の作ってくれた野菜のみそ汁の味。油断するとふっと意識が飛び、慌てて涙を制服の袖口でぬぐう。

余計なことを考えなくても済むように、部活動に没頭した。未経験のトロンボーンの担当になったのがかえってよかった。マスターしようと熱中し、気が紛れた。寮やクラスでも徐々に友人ができた。

母への電話は少しずつ減った。その分、妹への電話が増えた。「元気?」「おばあちゃんの言うこと聞いてる?」「テスト頑張って」わが身のことで精いっぱいだった自分は乗り越えた。妹も元気を取り戻してきているようだ。剣道部でレギュラーになったと喜んでいた。猛練習し、上達したという。

やっぱり姉妹だ。部活で気持ちに張りを持たせるあたり、血は争えない。半べその手紙から1年後、2通目が届いた。人形が同封されている。部活動の遠征先でお土産に買ったという。〈大会で優勝できました! I♡剣道〉人形を手に取り、部屋の電灯のひもにぶら下げた。

3. 遠のいた故郷、近づいた夢

2014年3月30日

言うとひんしゅくを買うから黙っていたけれども、佐藤ちさきさん(16)は、姉のちひろさんと妹のちさとさんが避難生活への適応に時間がかかっていることが正直、信じられなかった。

原発事故で福島県飯舘村の家を追われた。仕事で地元に残った父、母と離れて妹、祖母と栃木県那須塩原市に移り、現地の中学校に転校した。

姉と妹は真面目で人見知り。共に部活動に打ち込み、新しい環境に慣れようと必死になっている。妹は剣道部。町道場にも通い、2年生でレギュラーの座を勝ち取った。

自分は「楽天家でマイペース」と言われる。ぽっかり浮かんだ雲を祖母と見ていたら、「ちさきみたい」とからかわれたこともある。

転校先では早々にクラスに溶け込んだ。部活動は妹と同じ。後じんを拝し、補欠の補欠に甘んじた。「楽しければいい」と、日曜も部活動に励む妹を横目に友達と繁華街に繰り出す。

映画館。ゲームセンター。村にないから新鮮で、楽しんでいる。親と別々で寂しいといえば寂しいが、週末に会いに来てくれるし、身の回りの世話は祖母がしてくれる。

ある日、妹から人間関係で相談を受けた。「よく分からない」と答えたら、それきりになった。

親には「一番上と下は不慣れな環境に押しつぶされないかどうか心配。真ん中はもう少し落ち着いてくれないかと別の意味で心配」と言われる。

小さいころから食に興味があった。何でももりもり食べた。母の焼くホットケーキに目がない。作るのも好きで、小学生の時に料理教室に通った。小学校の卒業文集に「夢はレストランのシェフ」と書いている。

13年4月、宇都宮市にある高校の調理科に進学した。福島県には調理科がある高校はない。避難して開けた道だ。卒業と同時に調理師免許が取れる。

「原発事故で避難生活を強いられたけれども、結果的に夢に近づいている気がする」

今月14日。妹が同じ高校の普通科に入るのを機に、那須塩原市から宇都宮市に引っ越した。妹が卒業するまで3年間はここに腰を据える。

避難でなくしたものは少なくない。家。友達。故郷の景色。だが、得たものも多い。

祖母に耳打ちした。

「お母さんには言わないでね。私、栃木に来てよかった」

4. 必死な親の姿、立て直す糧に

2014年3月31日

長女ちひろ。次女ちさき。3女ちさと。

3姉妹の名に共通する「ち」は「智」と「千」にちなむ。長女の「ひろ」は母の名から1字取った。次女の「さき」は花が「咲く」になぞらえた。3女は父の名の「賢」が「さと」と読むことから引いている。

ちひろさん、ちさきさん、ちさとさんは父賢二さん、母博美さんの間に生まれ、福島県飯舘村の自然に囲まれて育った。

愛らしく元気に成長してほしい。

親のささやかな願いは原発事故で打ち砕かれた。姉妹が15歳、13歳、12歳の時だった。

一家は古里を追われ、父母は相馬市、長女はいわき市、次女と3女と祖母は栃木県へと分散避難を強いられた。

地元の農協に勤める両親は毎週末、子のいる栃木県に通う。車で3時間。金曜の夜中に来て日曜の夕に戻る。

二重生活で親の体力が限界にきている。ちさとさんの目にはそう映る。

母はやつれて目の周りがくぼんできた。こっちに来ても日中は横になっている時が多い。父もしんどそうだ。

「毎週は来なくていいよ」と母に言った。

「大丈夫、大丈夫」と受け流された。

両親は仕事人間だった。村にいた時も帰宅はいつも子が寝た後。家族そろって食卓を囲むのは朝ご飯の時だけだ。家事と育児は祖母に任せきりだった。

そんな両親が毎週欠かさずに子に会いに来るのは意外だった。子とのつながりを断つまいと必死になっているのだろう。

「私たちも頑張るから、あんたも頑張りなさい」。母に何度も言われた。不慣れな避難生活でへこたれそうになると、思い出して気持ちを立て直す。

避難先で母と車で出掛けた。沿道に栃木の農協の看板が立っている。「ここに就職しようかな」。母が冗談ぽく言った。

「本当？　こっちで暮らせるの？」。思わず前のめりになった。母は困った顔になり、それ以上しゃべらなくなった。

14年3月11日。栃木県の中学校を卒業した。原発事故から丸3年。結局、中学生活は全部こっちの学校で過ごした。

両親は有給休暇を取って式に出てくれた。在校生の花道を抜けると、ハンカチで目頭を押さえる母の姿が見えた。

伝えたいことがあり、親の所に駆け寄った。

「無事卒業できました。ありがとうございました」

5. 家族のいる所、そこが古里

２０１４年４月１日

「ただいま」

仮住まいの家のドアを開けて入る。

「おかえり」

家族が出迎える。

3月21日。ちひろさんは宇都宮市に「帰省」した。

家には、原発事故で福島県飯舘村から避難した妹のちさきさんとちさとさん、祖母の征枝《ゆきえ》さんが住む。仕事で地元に残った父賢二さんと母博美さんも駆け付け、久々に勢ぞろいした。

自分も村を離れ、いわき市の高専に進んだ。吹奏楽部の練習で、夏休みや冬休みしか学校を離れられない。家族がそろうのは年3、4回。今回は4日間過ごす。

昼ご飯を全員で作る。大根おろしとツナのパスタ。父とちひろさんが麺をゆでる。野菜を切るのは母とちさきさん。祖母とちさとさんが盛り付けを担当する。台所は定員オーバーになった。

「お姉ちゃん、段取り悪い」

「人のことばっかり言って」

軽口が飛び交う。

居間のテーブルに料理を並べる。3人用で、6人分の皿は置ききれない。

両親が住むアパートは狭く、家族で集まれるのはここしかない。避難直前に亡くなった祖父の位牌《いはい》も置いている。

妹と祖母は栃木県那須塩原市に避難していた。ちさとさんが宇都宮市の高校に進むことになり、3月中旬に拠点を移した。

飯舘村の家は居住制限区域に指定されている。年間被ばく線量が20ミリシーベルト超50ミリシーベルト以下の区域で、一時立ち入りだけが許可されている。3月に解かれる予定だった避難指示は、除染の遅れで1年延びた。

両親の車で村を通ることがある。放射線量が気になってめったに車から降りない。懐かしい景色は変わらない。人の姿がないことを除けば。

家には思い出が詰まっている。だが、将来的に古里に戻る自分をイメージできない。原発事故が収まっても戻す気はないと親も言っている。「将来は今住んでいる所から独立しなさい」と諭される。

原発事故から3年。古里の輪郭がぼやけてきた。避難先での暮らしが定着していくのを実感する。家族のいる所が自分にとっての古里なのかもしれない。

宇都宮市の家に帰る時、違和感なく「ただいま」と言っている自分に気付いた。

第7部

向き合う

I. 凍った記憶、言葉に溶かす

2014年4月15日

東日本大震災で子どもが負った心の傷は深い。悲しみや恐怖、やり場のない怒り、自責の念……。奪われた「心の自由」を取り戻すため、どんな支えができるのか。昨年度、震災体験と向き合った宮城県山元町の山下一小3年1組の児童と先生の1年をつづる。

母親さえ知らない、消し去っていた記憶が作文につづられていた。

〈Aちゃんは朝から『きょうは、なにか起きる』って、先生に言っていたのです。ぼ

くは、何も起こるわけないよと思っていました。そしてねていたら、地しんが、本当にきてしまったのです〉

鈴木翔真君(9)の母亜紀さん(38)は、2年半抱えていた息子の思いに触れ、涙が止まらなかった。

翔真君はあの日、海岸から約1・5キロ離れた保育所で昼寝中だった。激しい揺れに跳び起きた。園庭にいると、ごう音と共に黒い波が迫って来るのが見えた。園児や保育士、保護者と分乗した車に波が迫る。ドアを自分で押し開け、近くの民家に駆け込んだ。一緒にいた同い年の2人は流されていった。

山下一小に入った翔真君は、ふさぎ込むこともなく、以前と変わらないようにも見えた。ただ、震災当日のことはあまり話したがらない。芯がむき出しになるほど鉛筆をぼろぼろにかんでいたこともあった。学校で雷が鳴ると「ぼく死ぬ」と怖がった。

どんな思いでいるのだろう——。亜紀さんは気になっていても、深く聞くのはためらわれた。

翔真君が震災のことを初めて文章にしたのは、小学3年になった昨年6月。学校で

「つらくなった時の気持ちの整理の仕方を身に付けてほしい」。阿部先生はそう願いながら授業をしてきた

取り組んだ「防災の手紙」がきっかけだった。

「怖いから書かない」。最初は嫌がった。

「それでいいよ。書ける時に書けばいい」。担任の阿部広力先生(56)は見守った。

手紙を次々と発表する同級生に触発されたのか、翔真君も自分宛ての「防災の手紙」を書いた。

〈あと50センチぐらいでつなみにのみこまれそうでした。ともだちがつなみでしんでしまったのでぼくのおかあさんとおとうさんがしんでると思ってぼくはないてしまいました〉

2学期になり、心に残ったことを詩で表現する取り組みが始まると、進んで津波に触れるようになった。

「心にふたをするのではなく、記憶を整理していく中で、つらい思い出を少しでも肯定的に変えられたら」。そう願った阿部先生は、気持ちや事実をあえて引き出した。

無理をしていないか、表情や言動に気を配りながら、記憶を手繰り寄せた。９月に出来上がった作文。

〈いっしょに仮面ライダーごっこをしたね。みんなでおにごっこをいっぱいしたね〉

〈二人にあえてよかったよ。ぼくは、二人のことをわすれないよ。いつまでも、いつまでも〉

亡き友達を思う優しさがあふれていた。

授業参観で、未来の山元町をテーマにした工作を披露する翔真君

鈴木翔真君の作文「わすれないよ。」全文

あの日、ぼくは保育所でねていました。いきなりドドドドという音がして、ゆれたのでとびおきました。すると電きがゆれていました。みんなが外に出たので、ぼくもすぐに外に出ました。Aちゃんがこわくて泣いていました。

その時ぼくは朝のことを思い出しました。Aちゃんは朝から

「きょうは、なにか起きる。」

って、先生に言っていたのです。ぼくは、(何も起こるわけないよ。)と思っていました。そしてねていたら、地しんが、本当にきてしまったのです。Aちゃんは

「やっぱり、何か起きた。」

と、泣きながら言ったので、ぼくはびっくりして、Aちゃんの顔を見つめました。

先生がわかめのおにぎりをみんなに配りました。つめたいおにぎりでした。おにぎりを食べていたら、ドドーという音がしてきました。東の方からいきなり黒い波が見

えました。

先生が
「にげるよー。」といって、みんなはにげました。あと50センチぐらいで津波にのみ込まれそうでした。

ぼくは走りました。

「車に乗って。」

て、だれかが言ったので、車に乗って山がわに行こうとしたら、今度は北の方から津波がぼくたちの方に向かってきました。それで、急いで車からおりました。近くの家のげんかんに人が立っていたので、助けてもらえるかと思ってその家に入りました。でも大切な友達のBちゃんとAちゃんがのみ込まれていきました。

ぼくは、泣きました。

きっと、ぼくのお母さんとお父さんも死んでいると思って、ぼくは、また泣きました。

その時、知らない人が
「大じょうぶだよ。お父さんとお母さんは死んでいないよ。」

って言ってくれました。ぼくは、そう信じました。

次の日、ぼくたちは自えいたいの人に助けてもらって役場に行き、お母さんやお姉ちゃんとあうことができました。

あれから2年半がたちました。今でも東日本大震災がなかったら、死んだ人はいなかったと思います。でも、ぼくの心の中には、BちゃんとAちゃんの保育所の時の思い出が残っています。

Bちゃん。いっしょに仮面ライダーごっこをしたね。Aちゃん。みんなでおにごっこをいっぱいしたね。Bちゃん、Aちゃん。天国でも仲良くしていてね。3年しかいっしょに遊べなかったけど、二人にあえてよかったよ。ぼくは、二人のことをわすれないよ。いつまでも、いつまでも。

（※園児の名前は一部仮名にしています）

山元町山下一小3年1組の児童は1月、地域学習で町内を巡った。翔真君（右から3人目）ら児童は震災の犠牲者を悼む地蔵に手を合わせた

2. 仲間がいる、薄らぐ恐怖心

2014年4月16日

仲間と思いを共有することで、恐怖心は少しずつ薄らいでいった。

山下一小の加藤来夢君(9)は東日本大震災時、クラスメートの翔真君と同じ保育園に通っていた。

迎えに来た家族と避難する途中、車ごと津波に流された。車は1回転し、運良く電柱にひっかかって止まった。父親に肩車してもらい、民家の2階に逃れた。

母千草さん(33)は、息子の気持ちが不安定だと感じた。お絵描きは、アニメキャラクターが好きだったはずなのに、ぐちゃぐちゃに塗りつぶした真っ黒な絵ばかりを描く。

山下一小は直接的な津波被害を受けていない。昨年、3年生11人の担任となった阿部先生は津波の実体験がある児童を受け持つのは、赴任3年目で初めてだった。授業で流した津波のアニメに頭を抱える子が何人かいた。「細心の注意を払わないといけない」とあらためて思った。

昨年6月、全員で「防災の手紙」を書いた。初めは戸惑っていた来夢君も、少しずつあの日のことを書き出した。

夏休みの自由課題として、「上へかけあがれ」の標語を添えた津波防災のポスターを仕上げた。母親は手間が掛からない習字を勧めたが、「ポスターを描くんだ」と泣いて譲らなかった。

2学期。来夢君は震災体験を自発的につづった作文を翔真君と共に同級生の前で発表するまでになった。

「友達と一緒に取り組む安心感があるのかな。たくましくなってきた」。千草さんは思った。

10月の学習発表会。来夢君たちは、妻と幼子を失った町内の男性らが手掛けた震災ソング「この町で」を披露した。間奏部分には、保育所で亡くなった友達2人を思って書いた翔真君の作文の一節を織り込んだ。

ことし1月。阿部先生と児童は、震災の爪痕が残る町内をバスで巡った。保育所があった場所の近くも通った。

「震災がなければ、今ごろ一緒に遊んでいた友達でしたね。その人たちの思いも心の中に残し、大きくなってほしい」

阿部先生は、自ら撮った被災後の保育所の写真を掲げて見せた。

「そのしましまの服、友達のだ！」「(亡くなった子の) 歌声が入ったCDが残っていたんだよ」。来夢君や翔真君が元気な声を上げた。

つらい体験と向き合い、記憶を整理できるようになった子どもたち。阿部先生は頼もしさを感じていた。

3. 生きていこう、伝えた1年

2014年4月18日

東日本大震災の発生から丸3年たったことし3月11日。山下一小3年1組の教室は、朝からそわそわしていた。

クラスには、保育園の友達2人を津波で亡くした翔真君や来夢君がいる。一歩間違えば、自分も命を落とすところだった。自宅が被災した子どもも少なくない。

鉛色の空を見詰め、翔真君がつぶやいた。「先生、あの日もこうだったよね。きょうも（地震と津波が）来るのかな」。子どもたちの表情はさらに硬くなった。

過去は消せない。つらいかもしれないが、もう一度、震災と向き合ってほしい——。

担任の阿部先生はそんな思いで、この1年間、授業に取り組んできた。

それでもやっぱり、3月11日は子どもたちの様子が違う。

阿部先生は2011年4月、山下一小に赴任した。直前まで勤務していた山下二小は津波で全壊した。児童を引率し内陸に避難し、間一髪で難を逃れた。

自問した。震災に直面した学校は何ができるのか――。

阪神大震災を経験した元中学教師が講演で語っていた言葉が印象に残っている。〈教師は思いやりを教えるのが大事と思っていたが、子どもはもっと前を向いていた〉

腫れ物を触るように震災を扱うのはやめようと思った。

赴任した初年度秋の学習発表会。津波を主題にした「稲むらの火」をあえて演目に選んだ。苦境から立ち上がる村人の姿に、これからの自分たちの生き方を重ねてほしかった。

作文や歌などで、震災体験を言葉にして表現する授業を続けた。防災マップやかるた作りを通して、命を守るすべも伝えた。

3月11日。午後2時半からの6時間目の授業が始まった。1分間の黙とうの後、阿部先生は最後の防災授業に臨んだ。

1年間の取り組みを振り返りつつ、「悲しくつらい気持ちになった時、自分だけじゃないんだと思うことが大事なんだ」と語りかけた。

津波のアニメ映像を流した。「うわー、この音だ」。来夢君は顔をしかめた。それでも、3年生に進級したころのように、画面から目を背けることはなかった。

子どもたちの気持ちが再び落ち込むかもしれない。まだ、乗り越えられない部分もあるだろう。

それでも、阿部先生は子どもたちにこの思いは持ち続けてほしい、と願う。

自分は生きていていいんだ。

第8部

集う

1. 地域の大人と悩んで、笑う

2014年4月28日

東日本大震災後、ボランティアなどが運営する遊び場や学習塾が被災地に増えた。学校でもなく、家庭でもない「もう一つの居場所」。そこに集まる子どもと、見守る大人たちはいま、何を思うのか。

帰省するたび、いつも立ち寄る場所がある。一緒に笑い、悩んでくれる大人たちがいる。

岩手県山田町の中心部にある「山田町ゾンタハウス」。2階の自習室から、佐々木修朔《しゅうさく》君(17)が1階に下りてきた。

ハウスは震災後、国際的な社会奉仕団体の支援でできた。葬儀店だった建物を改修し、2階を自習室として週6日、子どもたちに開放している。

山田中の生徒だったころ、ここで勉強に励んだ。一関市の一関高専に進み、寮で暮らす今も、ちょくちょく顔を出す。自習室を使うことだけが理由ではない。

トーストやバナナなどの軽食が用意されている1階の休憩スペース。ストーブの前の椅子を引き寄せ、「なじみの相手」に話し掛けた。「聞いてくださいよ」

「なんだ、修朔」と応えた鈴木聖一さん(67)はスタッフの1人。ハウスは地域の大人たちが運営している。鈴木さんは設立メンバーと知り合いだった縁で働いている。

「鈴木さんには、いろいろ話せるんだ」と佐々木君。大人と話すのって楽しい。ここに来て、そう思うようになった。


中学1年の時、震災が起きた。家族や自宅は幸い無事だったが、被災して町を離れた同級生が何人もいた。母親を亡くした友達は「また会おう」と言って転校していった。

散り散りになった仲間たち。話し相手が少なくなった。

親には打ち明けにくい悩み、恋愛の相談……。ハウスのスタッフになら、ぶつけられる。この間、かわいい女の子と知り合った。「制服姿がすてきでさ」「春が来たな」。2人で笑い合う。

悩んでいる時には、アドバイスをもらった。「どうして勉強なんてするんだろう」。運営責任者の佐藤恵理子さん(50)が疑問に答えた。

「勉強して身に付けた知識が、これから生きていくための道具になるんだよ」

将来の自分のためなんだ。ストンとふに落ちたその言葉を、今でもしっかり覚えている。

震災前、こんなふうに大人と話せる場所はなかった。居心地が良くて、1階にいる時間がついつい長引いてしまう。

人は、人と会話し、いろいろな意見を聞くことで成長できる。ハウスは自分にとって、単なる自習場所ではない。

「1階にいても勉強中なんだ」。口には出さないが、そう思っている。

「早く勉強に戻れ」。鈴木さんにせっつかれても、まだ粘る。「ねぇ、聞いてくださいよ」

鈴木さんと雑談する佐々木君。何でも話せるこの場所を大切にしている

2. 仲間が待つ塾は元気の源

2014年4月29日

石巻市北上町の北上川沿いにログハウス風の建物が立つ。子どもたちのにぎやかな声が聞こえてくる。北上中2年の千葉有希さん(13)は毎週火曜、仲良しの友達とここに来るのが楽しみだ。

小中学生向け英会話教室「We are one 北上」。昨年2月、北上地区の母親たちがNPOの支援を受けて開設した。

地域は津波で大きな被害を受けた。「放課後の遊び場や勉強部屋を失った子どもたちが、集まれる場所が欲しかった」。運営の中心的な役割を担う佐藤尚美さん(41)は話す。

有希さんが通う中2のクラスは総勢8人。夕方にはほぼ全員が顔をそろえる。お菓子を食べたり、外のベンチでおしゃべりしたりして、午後7時の授業開始を待つ。

有希さんは震災当時、吉浜小の4年生だった。自宅が津波で流され、内陸の小学校に転校した。登校した翌日から1週間続けて休んだ。その後も学校になじめず、帰ってきてはベッドで泣いた。

吉浜小に仮設住宅からバス通学ができるようになり、6年の春に戻った。それでも、孤立感は消えなかった。

校舎が全壊した吉浜小は、隣の橋浦小で授業を続けていた。9人いた同級生のうち1人が亡くなり、ほかの7人は全員が転校していた。段ボールで仕切ったパソコン教室の一角で、先生と一対一で授業を受けた。

橋浦小には、被災した別のもう1校も移っていて、朝会や発表会は3校合同だった。学校ごとのグループ同士がささいなことでけんかし、板挟みになることもあった。

英会話教室ができると知ったのは6年の冬。仲良くなれる子がいるだろうか。人見知りだが、「行きたい」と母親に頼んだ。

橋浦小の女の子が来ていた。話すと、のんびりした性格が似ている。吉浜小から転校した元同級生の男の子もいた。みんなでわいわい集まるうちに、さみしさが次第に消えていくのが分かった。中学校生活にもすんなり溶け込めた。

北上中の周囲には、学校帰りに立ち寄れるような店は1軒もない。遠くの仮設住宅に住み、親に送り迎えしてもらったり、スクールバスで通っていたりする生徒は、そもそもぶらりと道草をする時間さえない。

だから、たった週1回でも、英会話教室は放課後も友達と一緒にいられる貴重な場所だ。

気の合う仲間とジュース片手に笑い合う。それだけのことが、元気の源になっている。

3. 英語でお礼、もっと勉強を

2014年4月30日

この場所があったから、途切れかけた目標に向かって歩み続けることができた。石巻市北上小6年の佐藤永依《ひより》さん(11)は、消防団員だった父一栄《かずよし》さん=当時(37)=を津波で失った。

2年生だったあの日。水門閉鎖のために駆け出す後ろ姿に「パパ」と声を掛けた。背中越しに手を振って出て行ったまま、父親は戻って来なかった。

津波被害を受け自宅も住めなくなり、生活は一変した。保育園時代から続けていた英語塾も、やめざるを得なくなった。

4年生の冬、母親の尚美さんら北上地区の女性たちでつくる団体「We are one 北上」が、英会話教室を始めた。

永依さんは約2年ぶりに英語の勉強を再開した。それが、震災前と同じ平穏な暮らしのリズムを取り戻すきっかけになった。

自衛隊や消防に加え、救助や捜索に向かう米軍のトラックが印象に残っている。きっと父のことも探してくれたはずだ。「大人になったらアメリカに行って英語でお礼が言いたい」。目標が一つできた。

海を渡るチャンスは意外と早く訪れた。被災地支援に来たハワイ在住のプロサーファーと知り合い、ホームステイに誘われた。出発前、買い物の仕方などを英会話教室の先生が特訓してくれた。

昨年12月、1人で飛行機に乗った。昼は、父も好きだったサーフィンを練習した。夜は、ステイ先の同年代の女の子とそれぞれの母国語を教え合った。

「英語が定着したね」。帰国後、先生が褒めてくれた。やる気がまた湧いてきた。

「We are one 北上」は、英会話だけでなく、復興支援のNPOと連携し、遠足などレクリエーションを企画している。震災で失われた子ども会の役割も担っている。集まってくる子どもたちを見て尚美さんは思う。「みんな元気に前を向いている。その姿は、大人こそが見習わなければいけない」

永依さんはこの春、「We are one 北上」の英会話教室を「卒業」した。震災前に通っていた市中心部の英語塾で、よりレベルの高い勉強に励む。

海外留学に憧れている。まずは英語をしっかり勉強できる高校に進学したい。将来、海外で働くのはどうだろう。

みんながきっと、見守ってくれる。

4. 褒められ自信、表情柔らかに

2014年5月1日

「来ないで」「うるさい」。とげとげしい言葉を吐く女の子がいた。

岩手県大槌町の安渡《あんど》地区にある「子ども夢ハウスおおつち」。管理人の吉山周作さん(28)は戸惑った。昨年春、オープン当初のころだ。

その女児は、吉山さんを「おっさん」と呼んだ。通っていた小学校は、震災で転校する児童が相次ぎ、町内の別の3校と統合。仲良しがいなくなり、新しい学校にもなじめなかった。

当時は理由が分からなかったが、やり場のないいら立ちをぶつけているように吉山さんには映った。

手芸や菓子作りに挑戦させたり、地域の夏祭りの出店を任せたりした。「器用だね」「やりきったね」。長所を褒め、心に余裕を持たせた。

女児はことしの書き初めで、丁寧な字で「人に優しくする」と書いた。素直な気持ちを表現できるようになってきた。吉山さんは成長を感じた。

津波で被災した大槌町は今なお、まちの輪郭が見えない。更地が広がり、公園などの遊び場は失われたままだ。

子どもたちが伸び伸び過ごせる新たな居場所を造ろう。山口市の社会福祉法人が、津波を免れた木造2階建ての民家を活用し夢ハウスを開いた。

地域住民の手を借り、ミニサッカー場や遊具、あずまやなどがある公園も近くに整備した。

熊本市出身で法人職員の吉山さんは、夢ハウスに住み込む。作業療法士の経験を生かし、工作や料理、動物の世話など多彩な遊びを用意する。

「好きなことに好きなだけ打ち込み、自分の特性や興味に気付いてほしい」と願う。地元採用の女性スタッフと週6日、子どもたちを迎え入れる。県内外から大勢の支援者も集まる。

「常連」の子どもは約10人。地域に残る大半が顔を出す。家族を亡くした子どもがいる。狭い仮設住宅で不便な暮らしを強いられている子も多い。楽しい思い出をつくってもらおうと、遠足などの企画にも知恵を絞る。

開所して1年。子どもたちの表情が柔らかくなってきた、と吉山さんは感じている。

4月上旬。盛岡市の動物園で写真撮影会を企画した。子どもたちは動物を前に、夢中になってシャッターを切った。

「肩車して」。小学2年の男児がせがんだ。男児は4歳の時、津波で父親を失っている。肩車してもらうのが好きだったと家族から聞いていた。避難所で警察官にねだったこともあったという。

記憶やぬくもりを求めているのだろうか。「父親の代わりにはなれないけれど、甘えたい気持ちを満たしてやりたい」

男の子を肩に乗せ、思いっ切り坂を駆け上がった。

手作りの公園で子どもたちと遊ぶ吉山さん。「にぎやかな声を聞くと、元気になる」。住民にそう言われ、手応えを感じている

第9部

里親と暮らす

I. 新しい家族、手探りの3年

2014年5月18日

東日本大震災で親を亡くし孤児になった子どもたちは、新しい「家族」と災後を生きている。どんな日々を送っているのか。両親や姉ら家族を失った小学生と、里親になった伯母の思いに触れた。

雷が落ちた。「いつまでやってんの」

石巻市の辺見佳祐君(10)=湊小5年=が、伯母の日野玲子さん(54)に口答えする。「まだ1時間だもん」。新作のゲームソフト。もっと続けたい。

2人が一緒に暮らし始めて3年が過ぎた。以前は叱られると、うつむいてべそをかいた。「おばちゃんは怒ってばっかりだ」。このごろは言い返すことを覚えた。

佳祐君は震災で、父正紀さん＝当時(42)＝、母みどりさん＝同(49)＝、姉佳奈さん＝同(10)＝、祖母日野みやこさん＝同(73)＝を亡くした。

玲子さんにせかされながら、玄関を出る佳祐君

仙台市で1人暮らしをしていた玲子さんが引き取り、育てることになった。仙台から石巻の実家に戻り、亡くなった妹夫婦が営んでいた自動車整備工場も引き継いだ。

言いたいことを言い合える家族になりたい。玲子さんはそう願ってきた。最近は必要な時にきちんと怒れるようになった、と思う。もっとも、なかなか言うことを聞いてくれないけれど……。

子育て経験はなく、手探りが続く。

「おなかすいたー」。佳祐君が学校から帰ってくる。この日のおやつはカップ麺。仕事の手を休め、お湯を注ぐ。大好きな炭酸ジュースも出す。

「おやつぐらい自分で用意させた方がいいのかな……」。食欲旺盛はいいけれど、ちょっと太り気味なのが気掛かりだ。

つらく悲しい体験をしている。指しゃぶりの癖が抜けないのは、さみしさの表れなのか。せめて好きなように甘えさせてやりたい、との気持ちもある。

一緒に暮らし始めたころは、そばにくっついて離れなかった。留守番を頼むと、「1人は嫌だ」「何時何分に帰ってくるの」と泣いた。

いまは違う。「仕事に行っていいよ」と送り出してくれる。口げんかの後、「ごめんね」と謝ってきたり、無邪気に抱きついたりしてくる。

前日にゲームのやりすぎで怒られたばかりなのに、佳祐君は翌朝、何食わぬ顔で携帯ゲーム機に手を伸ばした。

「佳ちゃん、遅刻するよ」「は～い」。玲子さんが促すと、佳祐君はようやく着替えに取りかかった。

以前は、甘えて1人で着替えようとしなかった。少しは成長を感じる。月日は確実に流れている。

2人で新しい家族を築いてきた3年。濃密だった一方で、佳祐君が独り立ちするまでの道のりは長く、まだまだ入り口にすぎないとも感じている。

被災3県孤児241人

祖父母や親戚——里親の高齢化課題

東日本大震災では、両親やひとり親を亡くすなどして岩手、宮城、福島の被災3県で241人が孤児となった。その大半は祖父母や親戚に引き取られた。震災後、里親家庭への経済的支援策の充実が図られたが、養育者の高齢化などの問題が浮上している。

厚生労働省によると、震災で孤児になったのは岩手94人、宮城126人、福島21人。うち、児童養護施設などに入所した子どもは6人で、ほとんどが祖父母ら親族に引き取られた。

阪神大震災（1995年）でも、孤児68人のうち59人が親族の元に身を寄せた。だが、当時は孤児の親族は原則として、生活費などが補助される里親にはなれず、経済的負担が大きかった。

施設ではなく、里親による養育を後押しするため、国は2002年、「親族里親」制度を創設。親戚や扶養義務がある祖父母も、認定されれば、月額4万7680円～5万4980円の生活費などを受け取れるようになった。

東日本大震災後の11年9月からは、おじやおばが里親になった場合の支援が手厚くなった。一般の里親と同様、生活費などに加え、里親手当（月額7万2000円、2人目以降は半額）が支給される。

孤児241人の7割に当たる168人が、里親認定を受けた親族に養育されている。

関係者によると、里親家庭を取り巻く課題は少なくない。80歳前後の祖父母が高校生を育てるなど養育者の高齢化や、実子と里子の間の確執などが指摘される。児童相談所が中心となって里親家庭の精神的な支援を続けて

いるほか、里親会など当事者同士の支え合いも行われている。

仙台市のＮＰＯ法人「子どもの村東北」は、里親による養育が困難になった孤児らを育てるための施設を同市太白《たいはく》区に建設。２０１４年12月に開所式が行われた。

2. 津波免れた家、決意の同居

2014年5月19日

ひとりぼっちになった小学生と「たまに来るおばちゃん」。震災直後の混乱と絶望の中で、2人の生活が始まった。

石巻市の辺見佳祐君はあの日、学校にいた。まだ1年生だった。

学校に津波が押し寄せ、1階が水没した。寒く真っ暗な教室。水が引き始め、友達の家族が次々やってくる。自分だけ、誰も来ない。不安でいっぱいになった。膝を抱えて泣いた。

父正紀さん、母みどりさん、姉佳奈さん、祖母日野みやこさんと暮らしていた。「佳祐が学校で待っている」。近所の人にそう言い残し、4人は湊小に向かった。旧北上川沿いの自宅を出た直後、車ごと津波にのまれた。

4日後。親戚の男性が迎えに来て、佳祐君は東松島市の正紀さんの実家に身を寄せた。みどりさんの姉の日野玲子さんも駆け付けた。

「ママに会いたい」。「病院にいて会えないの。おばちゃんの家に行こう」。離婚して1人暮らしだった玲子さんは、仙台市のアパートに佳祐君を連れて帰った。

風呂上がりに切り出した。「実はね。なんでみんな迎えに来られなかったかというとね」。佳祐君が遮った。「分かった。もう言わないで」

震災のまがまがしい爪痕が残る石巻には戻らない方がいい。玲子さんはそう思ったが、佳祐君は「帰りたい」と何度も泣いて訴える。

玲子さんの実家でもある佳祐君の自宅は、2階に住まいがあって津波の被災を免れていた。

「友達もいる。生活環境を変えない方がいいのかもしれない」。2カ月後、石巻に引っ越した。

家には穏やかだった暮らしの跡がそのまま残っていた。「ママの匂いがする」。佳祐君はそう言ってガーゼのハンカチを握りしめた。

2人で一緒にここで暮らしていこう、と玲子さんは決めた。

佳祐君は1人になるのを怖がった。着替えも学校の用意も、何でも手伝ってとせがむ。好き嫌いが激しく、食事を残す。指をしゃぶったり、爪をかんだりする癖も気になった。

生まれた時から知っていて、たまに遊びに来ていたけれど、一緒に暮らすとなると話は別だ。妹夫婦はどんなふうに育てていたっけ。それを知る人は誰もいない。

「元気に生きてくれれば、それでいい」

そう考えるしかなかった。

3. ゲームや流行、距離縮むが……

２０１４年５月２０日

ゲームやおもちゃが、「新しい親子」の距離をぐっと縮めてくれた。

佳祐君はトレーディングカードゲームが大好きで、箱いっぱいのコレクションが自慢だ。

対戦相手だった近所の友達は震災後、引っ越してしまった。だから、カードの解説は玲子さんに聞いてもらう。「超レアキャラなんだよ」

最近は携帯ゲーム機を手放さない。新作ソフトが２カ月と持たない。「クリアしちゃったよ」。玲子さんに胸を張る。

玲子さんは男の子の流行に詳しくなった。仮面ライダーでも戦隊ヒーローでも、いくつも名前を挙げられる。

人気の変身グッズを入手するため、朝から店の行列に並んだりもした。両親もそうしていたと聞けば、同じようにしてあげたいと思う。

共通の話題を糸口に仲良くなれた。一方で、ゲームやおもちゃとの付き合い方は、悩みの種にもなった。

ある日の夕方。風呂の準備を頼んでいたのに、佳祐君は携帯ゲームに夢中になっていた。注意しても、「まだいいよ」と生返事でやり過ごす。

普段は穏やかな玲子さんも、さすがに頭に血が上った。「どうして分からないの！」

甘やかさず、しっかりとしつけなければ。でも、つらく悲しい出来事の後だから、せめて今の暮らしを楽しんでほしい――。二つの思いの間で、心の振り子が揺れる。

「ママやおばあちゃんはこんなことで怒らなかったもん」

そう言い返されると、「そんなわけがない」と思いつつ、もやもやした気分が拭い去れない。

定期的に訪ねて来る児童相談所の職員に聞いた。「どうしたら言うことを聞いてくれるんでしょうか」

「時間をかけて教えれば、自分のものにできる子どもだと思う」。職員はそう答えた。助言を信じ、粘り強く言い聞かせよう、と思う。

ことし2月。「おばちゃん、僕、これが欲しいんだ」。チラシを見せながら、佳祐君が新発売のゲームソフトをせがんだ。「聞こえなーい」。玲子さんはとぼけて知らんぷりをした。

「何でも買ってやるなんて、本当はよくないよね」。悩みながらも、インターネットでソフトを注文した。

親の心子知らず。佳祐君は発売日に届いたお目当てのソフトに目を輝かせて飛びついた。

4. 笑顔の裏に消えぬ恋しさ

2014年5月21日

大人でも耐えられないような経験をしている。それなのに、あまりにも明るく、あっけらかんとしすぎではないか。

震災で両親と姉、祖母を失った佳祐君と暮らす伯母の玲子さんは、不思議に思える時があった。

2人はいま、佳祐君が以前家族4人と住んでいた家に住む。2階にあるため被災を免れ、家族の思い出の品が数多く残っている。

両親の結婚式を収めたビデオを見つけた。「どうして僕は映っていないの?」。そう言って、ニコニコと画面を眺めていた。

「佳ちゃんは生まれてないから、当たり前でしょ」。玲子さんは表情を観察した。両親の映像を目にしても、気持ちを乱している様子は全くなかった。

棚や壁に飾ってあった家族の記念写真を整理して片付けた時も、特に何も言わなかった。

震災直後は「ママに会いたい」と涙を流していた。家族4人が亡くなった事実を告げた後は、両親らを恋しがって泣く姿を見せたことはない。玲子さんは「両親や姉のことを忘れてしまったのではないか」と疑うことすらあった。

学校でことし2月、「2分の1成人式」があった。10歳となる4年生が保護者を招き、決意表明などをする恒例行事だ。

佳祐君の家の外での様子を見るのが、玲子さんは楽しみだ。この日も、経営する自動車整備工場の仕事を休んで学校に行った。

佳祐君が児童代表のあいさつをした。

「おうちの皆さん、僕たちはもう10歳になりました。今まで育ててくれてありがとうございました」

夢も語った。「将来は芸能人になりたい。人を笑顔にしたいからです」

震災までの7年間、大切に育てた妹夫婦は、その場にいない。「かわいくて仕方がない」といつも言っていたのに。「成長した姿を見せてあげたかった」。玲子さんは心の底から思った。

その日の夜、玲子さんは思い切って尋ねた。「今日は、ママに来てほしかった?」

「うん」。佳祐君は一言だけ、答えた。

どんなに頑張っても、本当の母親の代わりにはなれない。その現実を突きつけられた一方、大好きだった家族を忘れていないことに安心した。

触れれば痛む傷を、心の奥に抱えているのだろう。

一言に込めた本音。自分なりに悲しみと折り合いをつけようとしているのかもしれない。そんなけなげさがにじんで見えた。

5. 変わりゆく道、急がず2人で

２０１４年５月23日

昨年の誕生日に買ってもらった自転車にまたがる。真っすぐなら、ぐんぐん走れる。カーブは苦手だから、慎重に。

4月下旬の週末。佳祐君は、自宅そばの駐車場で自転車の練習に夢中になっていた。「おばちゃん見てて」。伯母の玲子さんが見守る。「そう、その調子」

震災で両親と姉、祖母を失った佳祐君と、里親になった玲子さんの暮らしは4年目に入った。

佳祐君が通う湊小は、校舎が被災し、近くの中学校で授業を続けてきた。改修工事が完了し、この春、元の場所で授業を再開した。

玲子さんはちょっと不安だった。佳祐君は地震の後、教室で丸4日、家族の迎えを待ち続けた。当時のことは今も話さないし、聞くのも嫌がる。悲しい記憶がぶり返さないか。

新学期の前、玲子さんは聞いた。佳祐君はけろりとした表情で「大丈夫」と答えた。「新しい教室はぴかぴかしていたよ」。元気に登校している。

5年生になって学童保育に通えなくなり、放課後に友達が家に集まるようになった。友達は自転車で遊びに来る。佳祐君が自転車の練習をするようになったのは、自分も同じように友達の家を自由に行き来したいから。

自動車整備工場を兼ねた自宅は旧北上川沿いに立つ。一帯は津波で2メートル以上浸水した。2階にあった住まいは被災を免れたが、堤防のかさ上げ工事に伴い、立ち退かなければならない。

「生まれ育った家に住み続けるのが佳祐にとって最良だ」。玲子さんはそう思って実家に戻り、佳祐君を育ててきた。

移転先は、三陸道のインター近くで、周囲に大型量販店が立ち並ぶ新市街地に決まった。思い出が詰まった家を離れるのをどう感じるだろうか。「別にいいよ。イオン近いよね」。あっけらかんとした答えに拍子抜けした。

どんな家にしようか。2人でモデルルームを回ったり、親戚に助言をもらったりして新しい住まいを少しずつ描く。

当面は2人暮らし。これから中学生、高校生……。いずれ自分の家庭を築いていくのだろう。今は想像すらできないが。

心の奥底にしまい込んだ悲しみが、いつどんなかたちで表に出てくるかは分からない。優しさと笑顔をこれからも持ち続けてほしい。

「1時間ぐらい走ったかな」。自転車をこいで汗だくの佳祐君が尋ねた。「まだ20分だよ」。玲子さんが笑って答えた。

きょうは、ここまでにしよう。2人並んで帰路についた。

自転車の練習をする佳祐君

東北大震災子ども支援室長・加藤道代さんに聞く

戸惑う里親、周囲も支えて

東日本大震災では岩手、宮城、福島3県で241人が孤児となった。震災孤児と里親への支援はどうあるべきなのか。課題はいま何か。震災遺児を支える東北大震災子ども支援室（S―チル）の加藤道代室長に聞いた。

――支援室の活動は。

フリーダイヤルの相談窓口を設け、里親や遺児・孤児に限らず、子育て全般に関する心配事、悩みを聞いている。当事者を訪問することもある。里親支援に関しては、宮城県里親会や児童相談所と共に、石巻や気仙沼で定期的に交流サロンを開いてきた。

――里親から寄せられる子育ての悩みはどんなものが多いのか。

悩みというより、「戸惑い」と表現するのがふさわしいように思える。余生を過ごすだけだった祖父母が突然、孫の面倒をみることになったり、子育て経験がないのに里親になったりした親戚らが子どもとどう向き合うか、戸惑いを感じている。

一般家庭の親と同様に、どのようにしつけていいのか分からないという声を聞く。里親家庭の事情は千差万別で、子どもの発達段階で悩みも変わっていく。それぞれのケースに寄り添った助言を心掛けている。

――震災から3年がたち、里親家庭の状況に変化はあるか。

当初は遠慮がちだったが、よくも悪くもわがままを言いあえる「本当の家族」に近づいている家庭が多いようだ。サロンでは、子どもの成長に伴い、進路などに関する話題が増えつつある。

――地域社会はどのような支援が可能か。

高齢の養育者が、子どもの部活動の送り迎えなどに困っているとの声も聞く。受験などに関する情報に疎くなる場合もある。周囲がそうした事情を理解して、気を配る必要もあるのではないか。

進学や就職で子どもが家庭や地域を離れた後でも、相談ができたりする場所があるといい。復興事業が進むにつれ、地域はどんどん変わっていく。「精神的に戻れる場所」があることが、最も大切なことだと思う。

〈かとう・みちよ〉東北大大学院教育学研究科修了。2011年8月から東北大大学院教育学研究科教授。専門は発達心理学。11年11月の震災子ども支援室開設と同時に室長に就いた。仙台市出身。

第10部

まちをつくる

I. 古里を元気に、つなげたい志

2014年6月4日

「地域に活気を取り戻したい」「震災の教訓を後世に伝えよう」。東日本大震災の被災地で、復興まちづくりに取り組む子どもたちがいる。活動を通して何を見て、何を感じたのか。

まちづくりに関わる活動を続けて間もなく3年がたつ。後輩たちにどうバトンをつなぐか、思いを巡らせる。

石巻市の高島絵里さん(17)＝石巻西高3年＝は、「子どもまちづくりクラブ」の最古参の1人だ。クラブは2011年7月、復興に子どもの声を取り入れようと公益社団法人「セーブ・ザ・チルドレン・ジャパン」（東京）が設立した。「古里を元気にしたい」。高島さんはそんな思いでメンバーになった。

市内では津波被害を受けたり、校庭に仮設住宅が建ったりして、遊び場が減っていた。中心商店街は空き店舗が目立つ。「街中にみんなが集まれる場所があったらいいね」。仲間と話し合った。

高校では演劇部。人前に出るのは苦にならない。具体化に向け、プレゼンテーション役を積極的に引き受けた。大手企業の支援が決まり、建設に弾みがついた。

ことし1月、木造2階建てで、サロンや屋内運動場を備えた「石巻市子どもセンター」が完成した。みんながくつろげるようソファを置いた1階の「ゆったり広場」。漁業だけでなく農業も盛んなことを知ってもらおうと屋上には菜園「次世代の畑」を設けた。それぞれに高島さんの思いが詰まっている。

「夢を話し合うだけでも楽しかったのに、本当に実現するなんて。マジうれしかった」

地域での活動に携わって、初めて気付いた魅力がある。

以前は登下校時に通るだけだった商店街を歩くのが好きになった。お気に入りの駄菓子屋や本屋ができた。店で流れるラジオを聞いて、コミュニティーFMの面白さも知った。

クラブには、多い時には、小学校高学年から高校生までの三十数人が所属していた。最近は、受験勉強や部活動などで忙しくなり、メンバーは20人ほどに減っているのが気掛かりだ。

5月下旬の活動日。活動の成果を住民らに報告する定例の集まりを翌週に控え、打ち合わせがあった。高島さんは、新メンバーの佐藤杏鈴《ありん》さん(11)＝石巻市向陽小6年＝の隣に座った。

「杏鈴は初めてだから、ちゃんとみんなの動きを見ていてね」「司会って楽しいんだよ」。早く雰囲気に溶け込めるよう気を配った。

舞台俳優を目指し、演劇を学べる大学への進学を望んでいる。クラブを「卒業」するまであと少し。センターや街への思いを後輩たちにつなげるのが、自分の役割だと思っている。

2. 活動撮り続け、見つけた夢

2014年6月5日

主役でも脇役でもなく、裏方が好き。仲間が活動する姿を記録し、情報発信する。

3月上旬の日曜、JR石巻駅近くの市子どもセンター。宮本夢与さん(11)＝中里小6年＝は、会議室に入ってくるなり、カメラ機能があるタブレット端末を手に取った。月2回ある「子どもまちづくりクラブ」の活動日だ。

この日は、「商店街マップ」のデザインについて、話し合いが盛り上がった。宮本さんは、部屋を歩き回ってタブレットで写真を撮り続けた。

仲間たちの真剣な表情、意見をメモしたホワイトボード、付箋紙に書いた落書き……。

気になったものは何でも記録する。「タブレットに慣れないと写真がぶれちゃう。腰を落として、相手の目線に合わせてシャッターを切るのがこつなんだ」

撮った写真は、タブレットの専用アプリに取り込む。活動内容を手際よく文章にして、その日のうちにインターネットの「子どもまちづくりクラブ新聞」を完成させた。

宮本さんが震災を体験したのは小学2年のとき。自宅は被災を免れたが、石巻の沿岸部は壊滅的な被害を受けた。「何か役に立ちたい」。4歳上の姉が活動していたクラブに4年生になって入った。

入会当時は最年少。年上のメンバーの前で自分の意見を言うのは気が引けた。気を利かせたスタッフから撮影係を頼まれた。「やるやる!」。手を挙げた。

活動に参加して2年になる。タブレットを操る姿がすっかり板につき、メンバーから「先生」と呼ばれることもある。みんなの前で発言することは今もあまりないけれど、それなりに役に立っているんじゃないか、と思っている。

スタッフの津田知子さん(38)は「クラブではいろんな役割があってもいい」と思うと同時に、「客観的に見ているからこそ感じられる意見を、これからどんどん出してほしい」と期待する。

センターに新聞やテレビが取材に来ることがある。本職の記者やカメラマンの姿を見ていて「かっこいい」と思うようになった。

いい表情を撮るため、取材対象に話しかけてリラックスさせるプロのテクニックも覚えた。将来は新聞記者かカメラマンになるのも悪くはないかな、とひそかに考えている。

3. 思いは伝わる、経験が自信に

2014年6月6日

月2回の活動日が待ち遠しい。ここ1年は1回も休んだことがない。記録的な大雪となった2月上旬の日曜、石巻市中心部にある市子どもセンター。松岡優雅君(15)＝石巻市山下中3年＝は、雪まみれになって、家から歩いてやってきた。

松岡君が入っている「子どもまちづくりクラブ」は、商店街のマップ作りに取り組んでいる。この日は、どんな内容を載せたらいいか、地域住民に尋ねるアンケートを作る予定だった。

「さすがにきょうは誰も来ないだろう」。そう思っていたセンター職員の進士知子さん(23)は驚いた。マンツーマンでアンケートを考えることにした。約2時間かけ、模造紙に意見を書き込んでもらう形式のアンケート用紙が仕上がった。

松岡君が小学5年の時に震災が発生。自宅は津波で全壊した。引っ越した近所のアパートは間もなく、解体されることが決まっていた。父親は仮設住宅への入居を申し込んだが、抽選で何度も外れた。

「困っているのに、どうして住むことができないんだろう」。不満や疑問が、まちづくりに目を向かわせた。

震災の年の夏休み、クラブを運営する「セーブ・ザ・チルドレン・ジャパン」が主催する合宿に初めて参加した。

「石巻にライブハウスがあったらいい」「街の中に秘密基地をつくろう」。同世代とわいわい夢を語り合って、刺激を受けた。

市の担当者から復興計画について聞く機会があった。宮城県や復興庁などに出向き、「復興に子どもの声を入れてほしい」と要望した。遠い存在だった「大人」が自分たちの意見に耳を傾けてくれたのが、うれしかった。

クラブの活動拠点となっているセンターはことし1月にオープンした。バスケットボールができるスポーツ室や大声が出せる防音室は、松岡君らが話し合ったアイデアを形にしたものだ。

言葉にすれば思いは伝わる、ということを学んだ。クラブでも意見を分かりやすく伝えるように心掛ける。

学校であったディベートの授業では、先生が「言葉で伝えるのがうまいね」と褒めてくれた。活動が自分の力になっているのを感じる。

活動が自信になり、居場所ができた。松岡君は活動日以外もセンターを訪れ、友人や下級生と遊ぶ。「ここにいるだけで楽しいから」

4. 教訓の木碑に込めた願い

2014年6月7日

碑の先に、津波で消えたまちの跡が広がる。以前からそこが更地だったような錯覚がした。3年しかたっていないのに。「風化は怖い」とあらためて感じた。

ことし3月11日、岩手県大槌町安渡地区。吉田優作君(18)＝大槌高3年＝は、津波の到達点に建てた碑の前に立った。

建立に協力してくれた地域住民ら約30人と共に黙とうし、「多くの人に碑を見てもらい、教訓を後世に伝えたい」と語った。

〈大きな地震が来たら戻らず高台へ〉。木製の碑にはそう刻んである。

中学2年の時に震災が起きた。両親と弟2人は無事だったが、自宅は流失し、近所の親戚2人が亡くなった。両親を失った友達もいる。町では1200人以上が犠牲になった。やりきれなさが募った。

中学3年の秋、NPO法人「カタリバ」(東京)が、町内に開設した学習塾「大槌臨学舎」に通い始めた。臨学舎は生徒たちに、復興まちづくりへの積極的な参加を促していた。

「もう二度と津波で犠牲者を出さない町にしたい。避難の大切さを伝える碑を建てたい」。吉田君は考えた。

どこにどうやって建てようか。臨学舎の運営に協力していた安渡地区の町内会役員小国忠義さん(73)に相談に行った。

大人との交渉事は初めてで、うまく自分の考えを伝えられなかった。「それは行政に任せたほうがいい」。小国さんからはそう言われた。

いったんは諦めかけた。やらなければ後悔する、と思い直した。考えを練り直し、企画書を作って持っていった。

吉田君の熱意に打たれた小国さんは、地域としても協力しようと、住民を交えた話し合いを開いた。「時々建て替えて教訓を確認できるよう、木製にしてはどうか」「知人の木工所に協力してもらおう」。支援の輪は広がり、昨年3月に碑が完成した。

町では今、大規模な防潮堤の整備計画が進む。「油断や避難の遅れにつながりはしないか」。吉田君は心配が募る一方で、高齢者や障がい者ら自力での避難が難しい人たちをどう救えばいいのか、とも思う。碑の建立プロジェクトを完遂させた今も、自問自答する。

答えを見いだすため、防災や危機管理について大学で学ぼうと考えている。

木碑が代々残るように、受験が終わったら、高校の後輩たちに自分の願いを伝えるつもりだ。

5. 手踊り復活へ、挑戦諦めない

2014年6月8日

思い出をよみがえらせたい。地元の女の子たちみんなで浴衣を着て踊り歩き、沿道の人々が声を掛けてくれた、あの秋の日を。

岩手県大槌町安渡地区に住んでいた佐々木郁実さん(17)=大槌高3年=は、津波で自宅を流され、釜石市で暮らす。

安渡地区の住宅は大半が流失し、住民は町内外に離散した。毎年9月の大槌まつりで、友達と楽しみに参加していた「安渡手踊り」もできなくなった。何とか復活させられないだろうか。

震災後、町内に開設された学習塾「大槌臨学舎」の活動の一環で、高校2年の春、手踊り復活を目指した取り組みを始めた。

どれほどの人が参加できるか、手始めに小中学生にアンケートをしてはどうか。中学時代の恩師に相談した。

先生と話しながら、そもそも何人いれば踊りができるのか、整理できていないことに気付いた。学校現場は多忙で、アンケートにはそう簡単には応じられないことも知った。

臨学舎のスタッフ金森俊一さん(27)と、手踊り会の会長を訪ねた。踊り手が散り散りになっただけでなく、衣装や道具も流失。復活には70万円以上が掛かるという。「やりたい気持ちはやまやまだけれど、すごく難しいよ」と会長は言った。

ヒト、モノ、カネのどこから解決すべきか。釜石市内から片道1時間近くかけて通学し、勉強と柔道部の両立だけでも手いっぱい。思うように動けなかった。

ことし1月、同級生が企画したイベントを手伝った。「大槌が被災地としてしか見られないのは悲しい」。そう思った同級生は「星空の美しさを知ってほしい」と天体観測会を開いた。

会場は震災後に閉校し、取り壊しが決まった母校の小学校だった。同級生と一緒に、屋上で来場者に星座の説明をした。

思い出の場所がまた一つ消える寂しさと同時に、自分の「プロジェクト」を形にできない焦りが込み上げた。


3月、臨学舎のミーティングで佐々木さんは気持ちを打ち明けた。

「きちんと意思表示をして、人の力を借りたり、別の方法を考えたりできるようにならなければと思う」

「悩みながら動くことに、大きな意味があるんだよ」。金森さんは励ました。

ことしは大学受験。忙しくなるが、挑戦を諦めたわけではない。手踊りに使われていた曲の音源を探したり、ポスターで協力者を募ったりしようと思う。地元を離れる前に、少しでも古里に足跡を残したい。

第11部

19年の軌跡　阪神大震災から

I. 妻との出会い、心解き放つ

2014年6月18日

6434人が亡くなった阪神大震災（1995年）では、約600人の子どもたちが親を失った。東日本大震災と規模や形態は違えども、遺児たちが抱える苦難は変わらない。阪神大震災から19年余り。悲しみとどう向き合い、どんな歳月を歩んできたのか。遺児らの軌跡をたどった。

眼前に海が広がる高台で、まちを見下ろして3歳の次女が尋ねる。「何でなんもないん」。「海がな、全部持っていってしまったんや」

大田誠さん(30)＝兵庫県三木市＝は5月上旬、宮城県女川町の穏やかな湾を眺めながら答えた。妻久美子さん(30)と3人の子どもと休日を利用し、東日本大震災の被災地を巡っていた。

津波の威力に言葉を失う。親を奪われた子たちはどんな日々を送っているのだろう。自分はつらい記憶をずっと閉じこめていた。心を許せる人が現れるまでは。

阪神大震災の時は小学5年生、11歳だった。神戸市東灘区のアパートが倒壊し、母あい子さん＝当時(36)＝と次兄亮さん＝同(13)＝を失った。

震災前日の夕食時、ふざけてご飯に箸を立てた。「死んだ人にすることや」。すごいけんまくで両親に怒られた。次の朝、激しい揺れに目が覚めると、二段ベッドの上段が目の前にあった。

「まこちゃん」と呼んでかわいがってくれた優しい母。キャッチボールをよくした最高の遊び相手だった兄。震災が起きて2人が死んだのは、自分のせいではないか。そんな思いにそっとふたを閉めた。

中学を出て建設会社で働いた。寂しさを紛らわすため、給料の大半は遊びにつぎ込んだ。食事はコンビニ弁当ばかり。一緒に住んでいた父親は借金を抱え、失踪した。

20歳の春。震災遺児を支援する施設「神戸レインボーハウス」で、ボランティアだった短大生久美子さんと知り合った。

久美子さんは当初、大田さんを「ちゃらちゃらしている人」と思った。明るいけれど、笑顔がどこか引きつっているようにも見えた。

育英資金のための街頭募金の人手が足りず、大田さんに手伝いを頼んだ。期待はしていなかったのに、ビラを一生懸命に配る姿が印象に残った。


2人は間もなく、引かれ合うようになった。大田さんは、久美子さんがそばにいてくれることが何よりうれしかった。「母が選んでくれた人」。なぜだかそう思えた。プロポーズした。

久美子さんは、大田さんのすさんだ暮らしを「ちゃんとしてやりたい」と思った。未納だった国民年金などの手続きを手伝い、どこにあるのか忘れていた母と兄の遺骨の安置場所を一緒に探し出した。

ほろ酔いになったある晩。「あのな、ゴーッと音がしてな」。大田さんは封印していた記憶を初めて口にした。

「まこちゃんが悪くて2人が死んだわけじゃないよ」「ほんまに?」。背負い込んできた重荷がふっと軽くなった気がした。

あの日から、もう10年近くがたっていた。

2. 家庭を持つ今、父を許せた

2014年6月19日

結婚して家庭を持ち、父親の気持ちが今は少し分かるようになった。

大田さんは小学5年の時、阪神大震災に見舞われた。神戸市東灘区のアパートが倒壊。母あい子さん、次兄の亮さんが帰らぬ人となった。

中学生のころだ。トラック運転手だった父が、酔って帰ってくることが増えた。仏壇の前で母の名前を叫び、「ごめんな」と泣く。戸惑ったが、何も言えなかった。

無口で怖い父親だった。釣りや野球についていくのはもっぱら次兄で、自分は母親と一緒にいるのが心地よかった。

阪神大震災後、父はいつの間にか、借金を重ねていた。取り立てがマンションに来て、3歳上の長兄と3歳下の妹は家を出た。台所もない4畳半一間に父と2人で引っ越した。

中学を卒業し、建設会社で働いた。父は日中、家にいることが多くなった。給料に手を付けられることすらあった。

19歳の春。父が突然、姿を消した。「勝手にしたらええ」。捜す気にはなれなかった。「捨てられた」と怒りも湧いた。約1年後、あしなが育英会のボランティアをしていた久美子さんと知り合った。21歳になって間もない2004年秋に結婚した。

近所に住んでいた知り合いが偶然、父を見つけて居場所を知らせてくれたが、自分から連絡はしなかった。

長男が1歳になった06年春、震災前によく行った神社の祭りに3人で出掛けた。父の住まいがすぐ近くで、思い切って電話した。

泣きながら現れた父は「死んだお前の兄貴にそっくりや」と長男の頭を何度もなで、顔をくしゃくしゃにして喜んだ。「昔のことをあれこれ考えてもしゃあないか」。凍り付いていたわだかまりが溶けていくように感じた。

その後、長女と次女にも恵まれ、子どもは3人になった。

父親は震災のすぐ後、あしなが育英会の職員に悩みを打ち明けていたことを最近知った。

〈今でも思うんだけど、すぐに病院へ連れてってたら、助かったんやないかって〉〈子どものことを思ったら、父親より母親が生きていた方がなんぼかよかったか〉

もし自分が妻と子を一度に失ったら、どうなってしまうだろう。失意の底に沈んでいた父の気持ちをもう少し分かっていたら、何か力になれたかもしれない。

震災から20年近くを経た今はそう思える。

3. 悩み、迷う娘信じて見守る

２０１４年６月20日

娘が残した走り書きにがくぜんとした。自分は一体、何をやっていたのだろうか。神戸市東灘区の中島喜一さん(67)は、阪神大震災で妻彰子さん＝当時(47)＝を失った。高校3年と中学3年の娘2人を1人で育てることになった。47歳の働き盛りの時だった。

避難生活を送りながら、次女は志望校に合格した。せっかく入った高校なのに、朝起きられず遅刻する。「きょうはちゃんと学校行けたんか」。仕事先から電話して口論になった。

進学塾に通わせても、成績は落ちる一方だ。家でボーッとしていることも多い。部屋の片付けや食事の仕方など細かく口を出した。強く育ってほしいと願った。

それまで子どものことは全て妻に任せきりだった。相談できる人は誰もいない。「おい、どうするねん」。困った時は、妻の遺影に話し掛けた。


震災から3年余りがたち、次女が県外の大学に進学し、家を離れた98年春。掃除をしようと入った部屋でメモ帳を見つけた。何げなくめくった。

〈苦しんでいるのに、お父さんはわたしのことを分かってくれない〉〈早くお母さんのところへ行きたい〉

目の前が真っ暗になった。リストカットもしていたようだ。知らず知らずのうちに、娘を追い詰めていたことにようやく気付いた。

次女に初めて手紙を書いた。

〈お母さんの代わりになろうと思って、強く、厳しくしてしまった。申し訳ない。お前のことは絶対に守るから〉

心理学の本を読み、心のケアを学ぶ勉強会に参加した。母親と一緒に家の下敷きになり、自分だけ助かった次女の苦しみに思いをはせた。

次女は大学卒業後、ヘルパーの仕事に就いた。東日本大震災のボランティアとして東北の被災地を訪れたのを機に鍼灸《しんきゅう》師を志し、今は専門学校に通う。

進路に悩み、回り道する姿に接すると、心の傷は完全には癒えていないのかもしれない。生きるヒントにしてほしいと、感銘を受けた本を差し入れるなどして静かに見守る。

中島さんは障がい児のデイサービスで働き、東日本大震災の被災地に足を運ぶ。家族を失った人の話に耳を傾け、自分の体験を伝える。言葉でうまく表現できない思いでも、被災者同士なら分かり合えると信じる。

「親は子どもに代わって困難を乗り越えることはできない。だから、どうか子どもの力を信じてほしい」

子育てに悩む親たちにはそう答えている。

4. 厳しい伯父は大切な味方

2014年6月22日

父親にはあまり怒られなかったのに、伯父にはよく叱られた。うまく関係が築けず、戸惑った。

阪神大震災で、木原喜子さん(26)=神戸市長田区=は、母かよ子さん=当時(43)=と兄道夫さん=同(9)=を失った。小学1年の時だった。

01年5月には父栄示さん=当時(51)=が病気で亡くなる。関西の大学に入学したばかりの4歳上の姉安子さん、中学2年の木原さんの姉妹2人が残された。

姉と2人で生きていけると思ったが、認めてもらえず、半年後には福岡県に住む栄示さんの兄の拡茂さん(69)に引き取られた。

教師だった伯父は厳しい人だった。引っ越して間もないころ、距離を縮めようと冗談交じりに話し掛けたが、逆効果だった。怒られないように黙っていると、余計に叱られた。萎縮した。

「友達には、自分たちを『お父さん、お母さん』と言っていいんだぞ」。伯父や伯母が気を遣ってくれているのは、痛いほど分かった。でもやっぱり、自分の家とは違った。「地震がなければ、全然違う生活だったのに」「うちの家族はなんで3人も減ってしまったの」。姉の安子さんに会うとよくそんな話になった。

伯父にとっても、めいとの暮らしは戸惑いの連続だった。

わが子の成長を見届けられずに亡くなった弟の無念を思うと、いたたまれなかった。めいを2人だけにしておくわけにはいかないと思った。

「自分たちで生活できる」。2人は言い張ったが、家庭裁判所にまで連れて行って説得し、妹だけでも福岡で育てようと決めた。

親を亡くし、自分も家の下敷きになる経験をしたのだから、トラウマ（心的外傷）

のような症状が出ると思っていた。なのに、そんなそぶりさえ見せないのが不思議だった。2人の娘を育てたが、実の娘のようにはいかず気苦労が絶えなかった。

振り返って分かることがある。血がつながっていても、それぞれの家庭には、それぞれの文化がある。同じようには扱えないし、親の代わりにはなれない。そう思えば楽になる。

木原さんは高校を卒業後、兵庫県に戻って大学に通い、助産師になった。

伯父の家には毎年「帰省」する。ことしの正月も福岡で過ごした。今も話すのは緊張する。でも、相談ごとにはいつもピシャリと答えてくれる。

自分を見守ってくれる人がいる。「心強い味方に支えられ、自分は幸運だ」。今はそう思える。

5. 母子手帳に亡き母を思う

2014年6月23日

大人になり、年を重ねるごとに、亡き母を慕う気持ちが強くなる。

木原さんは小学1年生の時、阪神大震災に遭った。兵庫県西宮市の自宅が倒壊し、母かよ子さんと兄道夫さんを失った。

父親と4歳上の姉と3人暮らしになった。母親のいない生活が当たり前で、小さいころ、それで寂しさを感じた記憶はあまりない。

中学2年の時、父親が51歳で病死し、福岡県の伯父の家に1人引き取られた。多彩でおいしい手料理を食卓に並べてくれる伯母に、家庭での母親のイメージがあらためて湧いた。

高校を卒業して兵庫県に戻り、両親がためてくれたお金で看護系の大学に通った。「母親」という存在への憧れから、助産師の職を選んだ。

仕事で命の誕生に立ち会う。同年代の妊婦さんと接し、自分が母になる時を意識する。「自分を生んだ時、どんな気持ちだった?」「どんな恋をして、結婚したの?」そんなことを母に聞いてみたい。母親といろいろと話せる同僚たちがうらやましい。

がれきの中から見つかった母子手帳は、亡き母との距離を縮めてくれる宝物だ。

〈1歳3カ月に引っ越ししてから、遊び道具がふえ、(きょうだい3人の中で)一番楽しそうにしています〉

〈2歳のお誕生日には、グー、チョキ、パーが出来ます……運動神経は発達しているようです……〉

手帳にびっしりと手書きされた成長の記録。注いでくれた愛情の深さを思う。

がれきの下で、母が近所の人に訴えていた声を覚えている。「先に子どもたちを助けだしてください」。最後に救助された母は避難所から病院に運ばれる途中で息を引き取った。自分は傷一つなく助かった。

母と過ごした最後の時間。悲しいけれど、20年近くたっても忘れずにいることが、今はうれしい。

震災後、多くの人たちに支えられながら生きてきた。起きたことは変えられない。震災を経験したからこそ得られたものもある。

東日本大震災後、被災地で遺児たちの話を聞く機会があった。強い後悔を口にする子がいた。

どんなに大変だったろう。掛ける言葉が見つからなかった。それでも、心から思う。

「あなたが生きていて良かった」

第12部

動きだす虹の家

I．心癒やす場、東北式を模索

2014年7月29日

東日本大震災で親を失った子どもを支援するあしなが育英会（東京）の「レインボーハウス（RH）」が仙台、石巻、陸前高田の3市に完成し、本格的な活動が始まった。震災で傷ついた心を癒やすケア施設のこれからを展望する。

鉄骨3階建ての「石巻RH」は石巻市中心部にある。「ただいまー」。子どもたちが18日夕、声を弾ませながらやって来た。

この日は、月2回ある「金曜開館日」。小学1年～高校3年の6人が集まった。

仲間とかるた取りをする子もいれば、1人でピアノを練習する子もいる。心のケアを手伝うボランティア「ファシリテーター」が遺児たちを見守る。

東松島市の中学2年高橋さつきさん(14)は屋内運動場で、ファシリテーターと一緒に大縄跳びをして汗を流した。

「ここでは『親がいない子』という目で見られないのがいい」

RHは、仲間と話す「おしゃべりの部屋」、思い切り体を動かす「火山の部屋」などを備え、宿泊もできる。1995年の阪神大震災を機に整備された神戸RH（神戸市東灘区）がモデルだ。

「遺児たちが自由に感情を表現し、前を向ける場所にしたい」。あしなが育英会東北事務所の林田吉司所長(62)はそう願う。

石巻の開館日には、十数人ほどの子どもと保護者が集まる。ほとんどが常連。約400人に上る石巻地区の震災遺児の一部に限られている。

「連れて行ってやりたいけど、金曜日は子どもの習い事と重なるので……」。石巻市で小学5年の男児を育てる保護者は言う。

神戸ＲＨは、職員が常にいて、特別な行事がない日でも自由に出入りできた。学生寮も併設され、大学などに通うあしながの奨学生が年下の遺児たちの面倒を見ていた。「いつでも誰かが話を聞いてくれた。放課後にぶらりと遊びに行ける『第二の家』のような存在だった」。阪神大震災で父親を亡くした長宅《ながけ》智行さん（26）は振り返る。

東北事務所の常勤職員は10人。神戸ＲＨが開館した時のスタッフの2倍だが、三つのＲＨを担当するためマンパワーが分散、各ＲＨへの職員の常駐は難しい。陸前高田の開館日は今のところ月1回。仙台は定期的な開館日は設けず、遺児らを受け入れている。

阪神地区と比べ、東北の被災地は遺児にとって、公共交通機関の便もハードルとなる。神戸と異なる環境の下、多くの遺児に来館してもらうためにはどうするか――。東北事務所の若宮紀章課長（45）は「待っているだけでは利用者は増えない。試行錯誤しながらイベントの企画や実施のサイクルを確立したい」。東北式の運営の在り方を模索する。

〈レインボーハウス〉仙台と石巻はことし3月、陸前高田は6月に完成した。心のケアのための行事を開くほか、ファシリテーター養成の拠点となる。3カ所の建設費は計約27億円。運営費と共に全額を寄付金で賄う。

2. ケア手助け、養成なお時間

２０１４年７月30日

東日本大震災で親を失った子どもの心のケアを手伝う、あしなが育英会のファシリテーター（ＦＴ）。その交流会が20日、仙台市青葉区の「仙台レインボーハウス（ＲＨ）」であった。

「立派な建物ができても、皆さんがいなければあしながの活動は成り立ちません」40人ほどを前に、あしなが育英会東北事務所の林田所長がＦＴが果たす役割の大きさを強調した。

ＦＴは遺児の遊び相手や話し相手をする。遺児が心を許せるＦＴがどれだけいるか。

それが「ケアの質」に直結する。

大崎市の会社員佐藤将志さん(35)は2011年夏からFTを続ける。「自分には一緒に遊ぶことぐらいしかできない。でも、子どもたちの楽しそうな表情を見ると、やりがいを感じる」

交流会にはFTの家族も招いた。活動を長く続けてもらえるよう、家族の理解を得る狙いがあった。背景には、FTが思うように増えないという危機感がある。

行事に参加する遺児と同数以上のFTがいるのが理想とされる。全ての遺児に目を届かせたい。「あのFTと2人きりで遊ばせて」といった要望にも応じられるようにしたいからだ。

震災後、あしながは仙台市や盛岡市など東北各地でFTの養成講座を開き、計12回の講座に約300人が参加した。その後のあしながの行事への参加は任意で、実際に活動しているのは30人ほどにとどまる。

遺児が集まるイベントでFTが十分に確保できず、事務方に回るはずの職員がFTの役割を務めたり、参加を予定していなかったFTに頼み込んで来てもらったりしたこともある。

あしながは、神戸と東京でもＦＴを養成している。神戸の場合、年１回開く講座に40～50人が参加し、その８～９割がＦＴとして活動するという。

石巻と陸前高田のＲＨでは特に、ＦＴ不足が深刻だ。「地域全体が被災したため、地元の大人がＦＴになるのは心理的な負担が大きいようだ」。東北事務所の若宮課長はそう推し量る。

東北での養成講座は昨年12月を最後に開かれていない。今春、相次いでオープンした３カ所のＲＨの開設準備に時間と人手を割かれてしまい、養成講座に手が回らなかった。

「沿岸部でのＦＴ確保が難しい分、東北全体で遺児を支えなければならない」と林田所長。

地域を含め、社会がどう震災遺児へ支援の手を差し伸べるのか。受け皿づくりは模索が続く。

第13部

津波模型班

I. 現代の語り部、使命胸に実演

２０１４年８月17日

手作りの地形模型で、津波の恐ろしさや避難の大切さを伝える。宮古市の宮古工高機械科の活動は10年前、地元を中心に始まった。東日本大震災後は、県外で実演する機会も増えた。「津波模型班」の思いに触れた。

海岸の集落を忠実に再現した地形模型に、海水に見立てた紫色の水を流し込む。小さな波は防潮堤が食い止めた。水量を増やすと、津波は防潮堤を軽々と乗り越えた。

宮古工高機械科の「津波模型班」が７月７日、宮古市磯鶏《そけい》小（児童３１７人）で行った実演会。

「ヤバイよー」「おれんち（家）は終わった」。自分たちの地域が浸水していく様子を目の当たりにし、児童がざわついた。

「防潮堤は逃げる時間を稼ぐにすぎない。防潮堤があるからといって安心せず、一番近くて高い山に逃げて」

３年生の吉水啓大君(17)の呼び掛けには、実感がこもっていた。

吉水君は巨大な防潮堤で知られた同市田老地区で生まれ育った。震災が起きた時は田老一中の2年生。強い揺れの後、校庭に避難していた。

「防浪堤（防潮堤）を越えてきたぞ！」

叫び声で異変に気付き、そばにいた小学生の手を取って必死に裏山へと走った。津波は指定避難場所だった学校にまで達し、校庭はがれきで埋め尽くされた。

田老地区は明治三陸大津波（１８９６年）と昭和三陸津波（１９３３年）で、おびただしい犠牲を出した。半世紀をかけ、高さ10メートル、総延長約２・４キロの二重防潮堤が築かれた。

防潮堤は、吉水君が通った小中学校の校歌の歌詞や校章のデザインに取り入れられていた。外国からの視察も来る。「特別なもの」と思っていた。

曽祖母らに津波の怖さを聞き、「高い所へ逃げろ」と言われていた。でも、あまりピンときていなかった。津波の備えについて家族と話すこともほとんどなかった。

大津波で防潮堤は無残に壊れた。田老地区では市内で最多の約180人が犠牲になった。

「自然の脅威は計り知れない。体験者の言葉を真剣に受け止め、日頃から備えておくべきだ」。高校入学後、通学ルート上の避難場所を自分で考えて決めた。

津波模型班の実演会は、機械科3年生の選択実習として2005年度に始まった。先輩から代々受け継いだ手作りの模型を携え、市内の小中学校などに出向く。1年がかりで作る模型は10基に増え、実演会は100回を超えた。現在のメンバーは7人。1、2年生の「予備軍」もいる。吉水君は2年生の時から実演会を手伝う。最終学年のことしは仲間と共に、仙台湾と釜石・大槌地区の2基の模型製作に励む。

「震災はついこの間のことなのに、津波の怖さを忘れている人もいる。後世に伝えていかなければ」。現代の語り部としての使命を感じている。

2.「てんでんこ」、真意伝えたい

２０１４年８月18日

精巧な地形模型を使って津波の恐ろしさや備えの大切さを伝える。その実演会で、「津波模型班」は「津波てんでんこ」の教えを語る。

「地震が発生したら、親子きょうだいを待たず、それぞれがてんでに逃げる。誰かを待っていて自分まで津波にさらわれないよう『自分の命は自分で守る』ということです」

東日本大震災では、家族が心配で引き返したり、高齢者らを避難させようとしたりして、犠牲になった人が少なくない。震災後、岩手沿岸に伝わる津波避難の原則「てんでんこ」があらためて見直された。

模型班の生徒たちは中学生の時に震災を経験した。この原則を「つらくて悲しい教えだ」と受け止めつつ、1人でも多くの命を救うため「てんでんこ」を広めたいと思っている。


佐々木柊亮君(17)は、震災で岩手県山田町の自宅が全壊し、祖母を亡くした。激しい地震の後、祖母は「守りゃんせ」と仏様に祈るばかりで、母が避難を促しても逃げようとはしなかったという。2人は家ごと津波に流された。奇跡的に助かった母も大けがを負った。

佐々木君は模型班の活動を通じ、「津波てんでんこ」は多くの家族・親族を失った沿岸部の過去の体験から、一族共倒れを防ぐための教訓だと知った。

母はあの時、祖母を置いたまま逃げられなかったのだろう。一緒に犠牲になっても不思議ではなかった。

震災の修羅場を経験していない人たちにとっては、てんでんこは「相手を見捨てる身勝手な行動」と誤解されがちだ。自分も以前はそう思っていた。

でも、本当にそうだろうか。つらいけれど、母のようなぎりぎりの状況に置かれた人の命を救うための教えなのではないか。そう得心している。

山田町に住む武藤浩太君(17)は地震の後、高台の中学校にいて難を逃れた。市街地は津波に襲われ、大規模な火災も発生。街で働く母親の安否が分からなかった。自分だけが生き延びた気になり、不安で仕方がなかった。

実演会では、家族で日頃から避難場所などを話し合っておくことを強調する。自分はしっかり逃げる。だから迎えに来るなどしないで、家族も逃げてほしい。お互いに逃げていると思えれば、安心できる。

てんでんこの真意は「家族を信頼することだ」と思う。それが「自分の命を守る」だけでなく、「大切な人の命も守る」ことにつながるはずだ。

仙台湾の地形模型の製作に取り組む佐々木君(右)ら。夏休みも時間を見つけてこつこつ励む

3. 交流刺激に、活動は全国へ

2014年8月19日

「津波模型班」のメンバー6人は7月下旬、9日間かけて関西と四国を回った。南海トラフの巨大津波が予想されている地域。手作りの地形模型を使った実演会で、津波の恐ろしさや備えの大切さを伝えるためだ。

徳島県北島町の県防災センターでは地元の高校生約70人を前に、東日本大震災の体験談を話した。

「長い行列に並んだのに、直前で品切れになって欲しいものが買えなかった」「ガソリンを盗む人もいた」「避難所の壁一面に、連絡がつかない家族への伝言が貼られていた」

同年代が語る震災の断面に、会場は静まり返った。

吉水君は母親を亡くした先輩のことに触れた。「ちょっと重い話かな」とも思ったけれど、家族のありがたさを分かってほしかった。自宅が全壊し、祖母を失った佐々木君は「当たり前の日常が、とても大事だと気付いた」と訴えた。

「遠征」は、模型班のメンバーにとっても刺激になった。

南海トラフの巨大地震で、徳島県には最大20メートルを超す津波が押し寄せ、地震も含めた死者は3万人を上回ると想定されている。

「近くの保育園児に防災頭巾を作り、一緒に避難訓練をしている」「地域住民と小中高校生が合同で避難訓練している」。徳島の高校生は地域ぐるみで展開する防災活動を次々に紹介した。

武藤君は、徳島の高校生たちの強い危機意識をひしひしと感じた。同時に「負けていられない」と思った。

05年に始まった津波模型班は震災後、地元から岩手県外へと活動の幅を広げるようになった。全国の中高生らと交流する機会も増えた。

武藤君はことし1月、環境防災科がある舞子高（神戸市）で開かれた阪神大震災の記念行事に参加した。同科の生徒とは、無料通信アプリ「LINE《ライン》」で情報交換するようになった。

舞子高の生徒たちは阪神大震災後の生まれで、震災を経験していない。だからこそ、東日本大震災を生き延びた自分たちの役割は重要だと感じている。

機械科3年生の選択実習として、10年間にわたって続いてきた手作り模型による津波の実演。ことし製作している模型も後輩たちが受け継ぎ、活用する予定だ。

「日本にいる以上、地震や津波からは逃れられない。あの悲しみを繰り返してほしくはない」

切なる思いも引き継いでほしいと願っている。

第14部

野球しようよ

Ⅰ．「そばにいる」父思いプレー

2014年8月29日

東日本大震災の被災地に、スポーツに打ち込む子どもたちの元気な声が響く。親を亡くした子、津波で家が流された子。好きなことに熱中することで前を向く。石巻市の少年野球チームのひと夏を追った。

8月17日、東松島市であった地元の少年野球大会2回戦。石巻小レッドベンチャーズ（石小レッド）は、序盤からリードを許していた。

負ければ、6年生はこの試合を最後にチームの中心を退く。

四回表の攻撃前、主将の玉田日菜乃さん(12)が、円陣の中心で高い声を上げた。

「ぎゃくてーん　点取って逆転するぞ!」

玉田さんは震災発生から約4カ月後、3年生の時に入団した。

津波で父真孝さん=当時(41)=を亡くした。気落ちして「野球をやめたい」と漏らす2歳年上の兄を励ましたかった。「一緒にやるから、教えて」

グラウンドに立つと野球の面白さにのめり込んだ。盗塁、タッチアップ……。プレーを覚えていくのが楽しかった。

野球には、父との思い出が詰まっていた。石小レッドの試合観戦に連れていってくれた。得点や好プレーで喜ぶ父。ルールは知らなかったが「いいことあったのかな」とうれしくなった。家族4人でやったキャッチボールが忘れられない。

震災後しばらくは、もう会えないと思うと寂しくて、涙がこぼれた。学校で父の日が話題になると、嫌な気分になった。

「お父さんはそばで見ているよ」。ある日、母裕美さん(43)に言われた。「いないけれど、いるんだ」と思えるようになった。

「お母さん、お父さんと同じこと言っている」「この食べ物、好きだったよね」。家族

3人でしょっちゅう、父の話になる。母だって大変でつらいはずなのに、自分たちのために明るく振る舞ってくれる。

「いってらっしゃい」。震災の日の朝、登校する自分に父が掛けてくれた最期の言葉を、「前に進め」という意味に受け止める。「父や亡くなったほかの人たちのためにも、前へ前へと生きたい」

新チームで一塁手のレギュラーとなり、主将に指名された。時には投手も務める。おっとりした性格。ぐいぐいと引っ張るタイプではないけれど、率先してグラウンド整備や道具の片付け、あいさつをしてきた。

石小レッドは逆転できず、そのまま敗れた。

「キャプテンでうまくできない時、助けてくれてありがとうございました」。玉田さんは涙をぬぐい、保護者に向かって一礼した。

「へたくそなんだけれど、すごく生き生きしていた。チームの皆さんに家族が支えられた」

一回り成長した娘の姿に裕美さんの目も潤んでいた。

2. 新しい仲間とチームに誇り

2014年8月30日

1学期の終業式があった7月18日。石小レッドは、新人戦に向け校庭で練習に励んでいた。

サポート役に回る6年生の平塚楓人君(11)が打撃投手。身長162センチの長身エースが投げおろす速球に下級生はなかなか手が出ない。

「いつか、あんなかっこいいフォームで投げられるようになりたい」。4年生の山下啓人君(9)は心に誓った。

石小レッドは、平塚君と山下君の2人にとって「新天地」だ。平塚君の自宅は震災で全壊した。避難所暮らしを経て引っ越し、2011年4月下旬、石巻小に転校した。

3年生に進級して臨んだ転校初日。「野球やらない?」。上級生が誘ってくれた。バットとグラブを借りて、家の近くの練習場で汗をかいた。

父元記さん(35)は、口には出さないけれど、どこか不安げだった息子の表情に笑顔が戻っていくのが分かった。

野球大会は、「さよなら」も言えずに別れた旧友との再会の場にもなった。「元気?」「球、速いね」。会うと近況を報告し合う。別々の学校になったけれど、寂しくはない。転校先になじめず、元の学校に戻った子もいるようだ。自分は、石巻小の方が友達が多くなった。「点を取られても取り返す石小レッドに誇りを持っている」

山下君は現在、石巻市門脇小の児童だ。同小は地域が壊滅的な打撃を受け、校舎が使えなくなった。児童は減少し、野球チームの存続が厳しくなった。思う存分野球をしたくて隣の学区の石小レッドに入った。

震災時、山下君は幼稚園の年長だった。津波で仲良しの友達を亡くした。お別れ会を兼ねた卒園式で、友達の席に遺影を掲げた母親が座り、「うそじゃなかったんだ」とショックを受けた。

高台にある自宅は無事で、津波やその後の火災を見ていない。それでも、気持ちが不安定になる時があった。

外出先で「ここは津波が来たところ？」と不安がった。門脇小が燃えている絵を描いたり、渦を巻く水洗トイレで水を流せなかったり。

石小レッドに入団して、明るく元気になった。「監督やコーチ、上級生が優しく教えてくれる」。練習日が楽しみで仕方がない。携帯ゲームも好きだけれど、野球はもっと好きだ。

門脇小は来年度、石巻小に統合される。山下君はいつも練習している校庭に立つ石碑を眺め、校歌を覚えようとしている。

3. ノックで上達、膨らむ目標

2014年8月31日

夏休み真っ盛りの8月7日。石小レッドは、寝具メーカー主催の少年野球大会に招かれ、東京ドームに遠征した。

三塁手の伊藤尚真君(10)=5年=は、巨人のロペス選手のファン。あこがれの強打者と同じ舞台に立てて感激した。第1打席で内野フライが相手の失策を誘った。全力疾走してセーフ。一塁上で満面の笑みを浮かべた。

11年2月、伊藤君は父保博さん=当時(48)=と石小レッドの練習を見学した。まだ

1年生。「小さいから無理じゃないか」と保博さん。「頑張ればいいじゃん」。入団したくて一生懸命に父親を口説いた。

その翌月、震災が起きた。保博さんは津波で行方不明になった。自宅の神棚に毎日、お供えして父の無事を祈ったが、願いは届かなかった。

しばらくは野球どころではなかった。時間がたつにつれ、野球への思いが募り、6月に入団した。「お父さんにプレーを見てもらえなかった分、お母さんに見てほしい」

練習は想像以上に厳しかった。特に「１００本ノック」がきつかった。ミスをしたら終わらない。やめたいと思ったこともあったが、仲間に励まされ、続けることで自信が付いた。

4年生の時の8月の試合。初めて先発メンバーに選ばれた新人戦でいきなり、タイムリーを放った。母が喜んでくれた。うれしくて、父の仏前に報告した。それからは、試合のたびに手を合わせている。

父の誕生日にはお菓子を供えている。震災の前は、感謝の気持ちをつづった手紙を渡していた。やっぱり毎年、お祝いをしたい。

自宅には父が愛用したギターが何本も残っている。自分が寝た後に弾いていたらしく、演奏する姿を見ていない。「どうやって弾くんだろう」。たまに手にして適当に弦をはじく。

中学生の姉が遺志を継ぎ、父が所属したジャズのビッグバンド「ベルベーナ・ラス・フィエスタス」で活躍している。自分は、音楽より野球に打ち込みたい。父が用意してくれた、生まれたころの手形を押したエレキギターの出番は当分なさそうだ。

5年生になって、しっかりした球が投げられるようになってきた。母とのキャッチボールは、自分が手加減しないと母が捕れない。

東京ドームの雰囲気は格別だった。「できればプロ野球選手になりたい。なれなくても、自分の子どもに野球を教えたい」

東京ドームの打席に立ち、ボールを打ち返す伊藤君

4. ガンバレッの声援が励みに

２０１４年９月１日

7月31日と8月1日、石巻市で「石巻川開き祭り」が開かれた。石巻の夏を彩る一大イベント。石小レッドの練習は休みになった。

捕手の石森慎吾君(10)＝5年＝は、祭りの主会場となる旧北上川沿いに住む。家は創業約60年の料理店。まちが1年で最もにぎわう祭りが大好きだ。

家の出店を手伝ったり、学校の鼓笛パレードに出演したりした。2日目の夜は、店舗兼自宅の4階建てビルの屋上でチームメートと花火を眺めた。すぐに飽きてしまい、携帯ゲームに夢中になってしまったけれども。

震災の時は1年生だった。家族と共に高台の日和山に避難し、大規模な火災で真っ赤に染まる夜空におびえていた。

自宅に戻ることができたのは1カ月後。1階の調理場は津波で完全に水没し、めちゃめちゃになった。「もう、うちの仕事ができないんじゃないか」と悲しくなった。

近所では他の場所に移ったり、廃業したりする店舗が少なくなかった。よく行った駄菓子屋も店を畳んだ。人が減り、活気がしぼんでしまった。

両親と祖父母は震災発生から2カ月半後、店を再開させた。従業員たちも戻ってきてうれしかった。3年生になって石小レッドに入団した。

〈練習きついだろうが　それをのりこえてこそ　一流選手になるッ　ガンバレッ　応エンしてるヨ〉

ことし6月、1枚のはがきが届いた。差出人は書いていなかった。はがきを送ってくれたのは、店で働く女性の夫だと後で知った。顔を知らない人にも気に掛けてもらって心強かった。「もっと頑張れる」。励まされた。

石森君と花火大会を楽しんだ同級生で遊撃手の田中颯君(11)も家業の畳屋が被災した。１００年以上続く老舗。学校近くにあった工場は津波で全壊した。棟続きの祖父母の家も住めなくなった。

震災前は、工場と祖父母の家に、毎日のように立ち寄っていた。い草の香りも好きだった。きびきびと仕事する父を間近に見て、「すごいな」と思った。

市内の別の場所に空き店舗を見つけ、震災１カ月後に生産を再開した畳工場は学校から遠い。祖父母も別の場所に引っ越し、頻繁には会えなくなった。

祖父母には、試合がある日を電話で伝える。クリーンアップとして活躍する姿を見せたい。来てくれると、力が湧く。

5. 支えられ再開、感謝の日々

2014年9月2日

石小レッドは8月16日、宮城県大会への出場権を懸けた一戦で逆転負けを喫した。試合後のミーティング。6年生主体で臨む最後となる別の大会を翌日に控えていた。「あすの試合、出るのやめるか?」。小野寺尚人監督(35)の口調が、いつになく厳しくなった。

小野寺さんは日本製紙石巻野球部の元選手。石小レッドのコーチや監督代行を経て、ことしから監督を務めている。

普段は、負けても勝っても選手を褒める。「結果よりも、野球を通して自信をつけてほしい」。厳しい社会人野球の世界に身を置いたからこそ、そう思う。

選手たちをあえて突き放したのは、大切な試合の前なのに、みんなで盛り上げようという気概が感じられなかったからだ。「ずっと一緒にやってきたのに、あした負けたら終わりだぞ」

石小レッドは東日本大震災発生から約1カ月半後の11年4月下旬、練習を再開した。児童たちは余震におびえ、運動できないストレスがたまっていた。外野手の6年生、渥美渉君(12)は、停電や断水が続く自宅にこもっていた。充電できず携帯ゲームも遊べない。「早く野球がしたかった」

津波をかぶった校庭の泥は、自衛隊がかきだしてくれていた。「子どもたちの元気を取り戻したい」。チームの求めに校長の鈴木則男さん(59)は校庭の使用を快諾した。

石巻地方は震災の最大被災地だ。「野球どころではない」というムードが漂っていた。子どもたちは犠牲者への黙とうをささげて、グラウンドに立った。練習着で試合をするなどして、目立たないよう気を配った。支援物資は、市内の全チームに均等配分される場合以外は、受け取りを控えた。

震災後、小野寺さんはスポーツが持つ力をより強く感じている。

勤務する日本製紙石巻工場の復旧作業の合間に、草野球が始まった。がれきの中から見つかったバットで、紙を丸めたボールを打つ。ガムテープでベースや線を引いた。10代も50代も少年時代を思い出したように、目を輝かせた。不安を抱えるみんなの心に明かりがともったように感じた。

「野球ができることに感謝しながら、良い思い出をつくってほしい」。小野寺さんは教え子たちに望む。

8月17日。ナインは前日とは見違えるような元気な声をグラウンドに響かせた。2回戦で敗れた後、小野寺さんはいつもの口調で選手をねぎらった。「お疲れでした。よくやったね」

第15部

みかぐらが好き

I．大切な2人とつながる舞

２０１４年11月20日

東松島市の鳴瀬未来中は南部神楽を基にした舞踏「みかぐら」を授業に取り入れている。地域は、東日本大震災で大きな被害を受けた。つらい経験をした子どもたちは、舞が持つエネルギーを生きる糧に変えている。

右手に持った錫杖《しゃくじょう》をチリンと鳴らして「大切な人」を呼び、左手の扇を回して出迎える。大好きだった母と姉がそばにいる――。みかぐらを舞いながら、そう感じることができた。

鳴瀬未来中3年の高橋佑麻君(14)は震災で、母美千代さん＝当時(42)＝と姉颯希《さつき》さん＝同(16)＝を失った。野蒜小5年の時だった。

朝が苦手だった自分を毎日起こしてくれた優しい母。「弟ができてうれしい」といっぱい遊んでくれた姉。2人のことを思い出すと、今でも涙がこぼれる。

自宅が津波にのまれた時、2人と一緒にいた。助けられなかった自分を責め、無気力な状態が続いた。

移転した市内の新しい自宅で父、弟と3人暮らし。未来中の3年になり、みかぐらの授業が始まった。みかぐらは南部神楽をアレンジした教材として1970年、奥州市の小学校で始まった。

鳴瀬未来中では2013年4月の開校以来、授業に取り入れ、3年生が秋の文化祭で披露する。

腰を落として「ため」を作ったり、ふわりと体を浮かせたり。普段の生活にはない独特な型や動きが多い。

高橋君はうまく覚えられず、放課後も練習する「居残り組」になった。悔しくてやる気に火が付いた。自宅でも練習を重ね、動きが少しずつ、体になじんでいった。

指導する先生が言った。「神楽は神様を呼ぶための舞です。みんなは大切な人がそばにいると思って舞ってください」。

最初のころはそんなことを思う余裕すらなかった。体が自然と動くようになってからは、母と姉を思いながら練習するようになった。

10月19日、文化祭当日。体育館にみかぐらの始まりを告げる太鼓が鳴り響くと、色とりどりの浴衣にはかま姿の3年生80人が壇上や舞台下、保護者の前に立った。

壇上で高橋君は不思議な感覚を覚えた。幕の内側は、現実とは違う世界に思えた。母と姉がいる天国とつながっているような気がした。

無我夢中で踊った。「お母さん、お姉ちゃん、見守っていてね」。そう祈りながら。

20分間の舞を踊りきると頭の上で扇を回し、正座で観客にお辞儀をした。大きな拍手が湧き上がると、胸の中がじわっと温かくなった。

「神様と同じ場所に立たせてもらっているみたいだった」。高橋君にとって、みかぐらは忘れられない思い出になった。

高橋君は大好きな母と姉を思いながら舞った

2. 頑張った自分、認めてあげる

2014年11月21日

大役を果たして舞台袖に戻ると涙があふれた。「本当に頑張ったな」。やっと自分を認めることができた。

鳴瀬未来中3年の本郷蘭さん(15)は、みかぐらの太鼓打ち「胴取《どうとり》」だ。舞台進行を仕切り、舞い手を先導する。

2歳の時に両親が離婚し、本郷さんは祖母らと暮らしてきた。みんな親切だけれど、寂しさは消えなかった。「自分って必要とされていないのかな」。嫌なことがあると他人に八つ当たりしたり、誰にも会いたくなくて授業を欠席したりした。

7月初旬、みかぐらを教える制野俊弘教諭(48)が本郷さんを胴取に指名した。地元の和太鼓チームに入っているというのが表向きの理由だが、制野先生にはひそかな願いがあった。「最も重要な役割に挑戦し、何かをつかんでほしい」

みかぐらの太鼓は和太鼓と形も打ち方も違う。曲のような楽譜はなく、聞いて拍子を覚えるしかない。本郷さんは夏休みも毎日、学校に通って練習した。

みかぐら発祥の地、奥州市を同級生らと10月上旬に訪ね、地元の保存会の演舞を見学した。

胴取のばちさばきに感動した。舞い手の動きを見て、拍子を速めたり緩めたり、舞い手と一心同体だった。「もっと周囲を見ないと駄目なんだ」と気付いた。練習に一層、熱が入った。

太鼓をたたく本郷さん。放課後も練習して腕を磨いた

太鼓の合図でみんなが踊りだす。「胴取は私だけ。みかぐらは自分に懸かっている」。責任感が芽生えた。制野先生と相談し、演舞の最終盤にオリジナルの拍子も取り入れた。

10月19日、文化祭本番。5月から一緒に暮らし始めた父と新しい母が見に来た。親が学校行事に出席するのは初めてだった。母が衣装を着付けてくれた。

舞台の端に座り、舞い手の様子を観察する。緊張で胸が高鳴る。幕が上がった。一心不乱にばちを打ち続けた。

「かっこよかったぞ」。その日の夜、父が褒めてくれた。照れくさくて「まあね」と小さく返した。「らんちゃん、ありがとう」。同級生からメールが届いた。いろんな思いがない交ぜになって、また涙がこぼれた。

胴取を経験し、少し成長したような感じがする。将来の夢は声優。甘い世界じゃないのは分かっているから、実業系の高校に進み、資格を取るつもりだ。遅れていた勉強を追い付かないといけない。でも大丈夫。自分もやればできるって分かったから。

3. 舞台の上では誰もが主役

2014年11月23日

「幕が開いたら、いつもと違う自分になれ」

みかぐらを発表する文化祭を翌日に控え、体育教諭の制野さんが3年生80人に呼び掛けた。

舞台の上では誰もが主役になれる。嫌なことは忘れ、伸び伸びと自由に舞い踊ってほしい――。

制野さんはそう願いながら、生徒たちの指導を続けてきた。

東日本大震災が起きた時、制野さんは同市の鳴瀬二中に勤めていた。海沿いにあった校舎の2階まで津波が押し寄せた。学校は内陸の鳴瀬一中で授業を再開した。

子どもたちの笑顔がぎこちなく見えた。無力感や孤独感を抱え込んでいるのだろうか。震災で、経済的に不安定になった家庭が少なくなかった。先生たちも夜遅くまで、生徒指導や保護者への対応に追われ、疲れ切っていた。

先生と生徒が共に夢中になれる何かを通じて、状況を少しでも変えられないか。頭に浮かんだのが、自分の子どもが通った石巻市の保育園で実践していたみかぐらだった。

生徒と共にみかぐらを踊る制野先生

講師を招き、生徒と共に習って教え合った。学校行事で一緒に演舞を披露した。子どもたちの表情が変わったように感じ、手応えを感じた。

13年、一中と二中が統合して未来中が誕生した。新しい学校のシンボルとしてみかぐらを取り入れた。両校出身の生徒たちにあった見えない壁を取り除く役割を果たした。

みかぐらの基となっている南部神楽は、岩手県南や宮城県北に伝わる民俗芸能だ。厳しい自然と向き合う農民たちが、舞を通じて生きる喜びを表現したのが始まりとされる。

みかぐらに夢中になるのは、悩みを抱える生徒が多いように見える。被災して家族や家を失った、ひとり親家庭で育つ、勉強やスポーツが苦手、友達が少ない……。生きることに不器用な子どもたちが、大地からエネルギーを得たかのように、生き生きと舞台の上で羽ばたく。

「頑張ったな」「良かったぞ」。文化祭での演舞の後、生徒たちに声を掛けた。「すごく楽しかった」「また踊りたい」。子どもたちの笑顔がまぶしかった。

子どもたちを取り巻く問題が、みかぐらで全て解決するわけではないのは、分かっている。それでも、舞台での経験が、自分を見つめ直すきっかけになり、生きていく力になるはずだ。そう信じている。

4. みんなと同じ、踊って自信に

2014年11月24日

みんなと一緒に踊れたのが、何よりの自信になっている。

鳴瀬未来中をことし春に卒業した佐藤優香さん(16)は、中学時代に習ったみかぐらを続ける「みかぐらOG」の1人だ。

生まれつき脊髄の一部が形成されない二分脊椎症を患う。脚などに障がいがあり、普段は両脚に補助装具を着け、つえをついて歩く。

普通学級で同級生と机を並べて授業を受けてきたが、体育だけは歩行訓練など1人別メニューだった。運動をした経験はほとんどない。

中学3年だった昨年夏、体育教諭でみかぐらを担当する制野さんに声を掛けられた。「難しいかもしれないけれど、みかぐら、やってみないか」

みかぐらの映像を収めたDVDを見て胸が高鳴った。エネルギッシュでありながら優雅な動き。「こんなふうに踊れたらかっこいいな。みんなと踊りたい」

中学校最後の文化祭に向けて、同級生と練習が始まった。

みかぐらは全身を使って踊る。跳んだりしゃがんだりする激しい動きがある。「踊れないところは無理しなくていいんだよ」。制野先生は気を遣ってくれたけれど、みんなと同じように踊りたかった。特別扱いされたくなかった。

腕が真上に上がらないので、体を横に倒して扇を回す。歩幅の狭さは早足で補う。自分なりに工夫して、動きをそろえた。文化祭では舞台の中央で舞った。みんなで踊れて、達成感があった。

佐藤さんの頑張りは同級生の刺激にもなった。斎藤茉弥乃さん(16)＝宮城一高1年＝は「初めて体育を一緒にできてうれしかった。優香ちゃんを見ていると、私も頑張らなくちゃと思う」と話す。

佐藤さんはことし4月から親元を離れ、宮城県柴田町にある船岡支援学校高等部で学んでいる。

みかぐらの練習がある週末には、電車を乗り継ぎ1時間以上かけて鳴瀬未来中に駆け付ける。

10月中旬、みかぐらOGが茨城県日立市で開かれた祭りに招待された。5000人の観客が見守る中、佐藤さんは11人の仲間と共に息の合った舞を披露した。舞台を重ねるごとに自信が膨らんでいく。

全寮制の学校では、積極的に小学生の面倒を見たり、悩んでいる同級生の話を聞いてあげたりする。

「中学まではみんなに助けられてきた。今度は助ける側になりたい」

5. 学びの枠超え、古里を育む

2014年11月25日

鳴瀬未来中の卒業生12人が「みかぐらOG」として活動している。

〽センヤーハー　その昔　いかなる人々　集まりてや　鳴瀬の里を　ひらきけるかな　ひらきけるかな　ヨーホー　おもしろやーホー

10月中旬、茨城県日立市であったイベントで、幕上げ歌を担当する内海真由さん(16)=石巻高1年=の声が響く。古里を築いた先祖に感謝する気持ちが観衆に伝わるよう、丁寧に歌い上げた。

もともと歌は得意ではない。中学校のみかぐらで幕上げ歌の担当に指名されたのも、当時、足首をけがして踊れなかったからだ。

野蒜小（東松島市）6年の時、東日本大震災が起きた。避難した体育館にまで津波は押し寄せ、命からがら2階のギャラリーに逃げた。大勢の人が津波にのまれ命を落としていくのを目の当たりにした。

起きていることに現実感がなかった。寒くて暗く、家族の安否も分からない。重苦しい雰囲気を断ち切りたかった。「校歌でも歌う?」。同級生と一緒に歌った。

体育館に響いた歌声が、絶望のふちにいた人々を励ましていたことをその後に知った。自分の歌声で誰かを元気づけられたら何よりうれしいことだ。そんな思いでみかぐらを続ける。

「みかぐらOG」の代表を務める斎藤茉弥乃さんは「大好きなみかぐらをもっと地元の人に知ってもらいたい」と願っている。

津波で自宅が全壊し、親に送り迎えしてもらいながら、隣町のアパートから中学校に通った。学校以外では友達と会えない。みかぐらの練習は、仲間といられる貴重な時間だった。授業が嫌になっても「みかぐらがある」と言い聞かせ登校した。

折れそうになる心を救ってくれたみかぐらに恩を返したい。生まれ育ったこのまちで学校の先生になって、子どもたちに舞を教えることが将来の夢だ。

古里が津波に襲われてから3年8カ月。時間がたつにつれ、以前の風景を思い出せなくなっているのが悲しい。だからこそ、地域の新しい伝統をつくっていきたい。

被災したから、みかぐらに出合えた。だけど、被災地とか被災者とか同情される時期はもう過ぎたと、2人は思っている。練習を重ねて舞に磨きをかけ、実力で評価されたい。それがメンバーの目標だ。

宮城沿岸小中学校　河北新報社アンケート

「児童に震災影響」7割
家計の苦しさ突出

東日本大震災で被災した宮城県沿岸部の小中学校の約7割が、自校の児童・生徒に震災の影響とみられる問題が現在もあると受け止めていることが、2013年12月に河北新報社が各校長に実施したアンケートで分かった。問題は苦しい家計や精神面の不安定、学力・体力の低下など多岐にわたっている。被災地全体の小中学生の現状には8割以上の校長が「事態は深刻」と危機意識を持ち、多くが問題の長期化を懸念している。

児童・生徒に震災の影響と思われる問題が「ある」と答えたのは69・2%。内訳は小学校68・4、中学校70・7%だった。問題が「ない」は23・6%だった。

震災の影響と思われる具体的な問題は266ページ以降のグラフの通り。複数回答の結果、「家計的に苦しい児童・生徒が増えている」が小中学校共に最多だった。保護者の死亡、失業などで経済的に厳しい生活を強いられる児童・生徒が依然として多いことがうかがえる。中学校は77・4%と特に高く、教育費がかかる年代で家計の問題が深刻になっているとみられる。

プレハブの仮設住宅暮らしなど住宅事情の劣悪さを示す回答も多く、「家庭学習の場を確保できない」が約5割、「家庭内の問題で精神的ストレスを抱える」が約4割を占めた。「精神面で不安定」「体力の低下」「学力の低下」を挙げる回答が2割から4割程度あり、震災の影響が児童・生徒の成長、発達を阻害する要因になりかねない一面も浮かび上がった。

いまだに震災前の日常を取り戻せないでいる被災地の小中学生全体について尋ねた設問では、「事態は深刻で、問題の長期化が予想される」が58・2％で最多。「事態は深刻だが解決に向かっている」が23・1％で続いた。双方を合わせると、「事態は深刻」として現状を憂慮する回答が81・3％に上った。

被災児童・生徒に対する行政や地域、民間からの支援が十分かどうかについては、「十分」「ある程度十分」が45・7％、「やや不十分」「全く不十分」が41・4％で意見が分かれた。不十分な分野（複数回答）は「経済的支援」「保護者への住宅支援」「就労支援」が多数を占め、校長の多くが、一刻も早い生活基盤の安定を願っていることがうかがえる。

心折れぬ配慮を

宮城県子ども総合センター　本間博彰所長（医学博士）

被災地の学校訪問で児童・生徒の問題が表面化してきたと感じており、それを裏付ける調査結果だ。阪神大震災でも心の問題は3年目に多くなった。家族機能の低下などで心の問題を抱える子どもたちが増えてきたといえるだろう。

調査結果にあるように、心の問題が不登校や集中力低下などいろいろな面に表れている。最近よく、ぼーっとしている子が増えたと聞く。心的外傷後ストレス障害（ＰＴＳＤ）の典型例だ。嫌な記憶から逃げ、自分を守るための症状と理解してやることが大事だ。

怖いのは目立たない問題だろう。親を亡くした遺児や孤児は模範生が多く、外から内面の問題が見えにくい。深い悲しみを抱えながら、それを考えないようにしている。いったん崩れた時に、パキンと折れるような状態にならないか心配だ。

ここにきて子どもの問題が表面化したのは、学校がようやく気付き始めたという面もある。教師の多くも被災者であり、震災後は自分のメンタルヘルス（心の健康）が保てず、目の前の問題から無意識に目を背けていた。ＰＴＳＤの「回避」という症状だ。教師の心の問題はまだ多く、元気がなく、求心力を失った教師のクラスでは学級崩壊も起きている。

家庭が不安定だと子どもの状態は良くならない。被災地では間もなくがれきの処理が終わり、仕事が一気に減る。義援金などを使い切った人もいる。仮設住宅から出る見通しのない大人のイライラは募るばかりで、しわ寄せが子どもに向かないか気掛かりだ。

子どもを救うには大人のメンタルヘルスを保たなくてはならず、そのために周囲がなすべき課題は山ほどある。

〈調査の方法〉宮城県の沿岸自治体15市町にある公立小中学校245校（小学校159校、中学校86校）の校長に13年12月5日、アンケート用紙を郵送し、記名による回答を求めた。仙台市は宮城野区と若林区に限定した。回答数は208（回答率84・9％）。内訳は小学校133（83・6％）、中学校75（87・2％）だった。

生活不安、子に投影
ストレス、集中力低下　成績後退や不登校増

東日本大震災の被災地で河北新報社が実施した小中学校の校長アンケートは、震災から2年10カ月近くがたった現在も被災児童・生徒が震災の影響とみられるさまざまな問題を抱えている実態を浮き彫りにした。生活基盤の不安定さが子どもに悪影響を及ぼしている現状も浮かび、教育関係者は不安を募らせている。

震災の影響と思われる具体的な問題は何か、を聞いた設問では、「家計が苦しい」「家庭学習

の場を確保できない」「家庭内の問題で精神的ストレス」と家庭に関する項目が1〜3位を占めた。宮城県教委義務教育課の鈴木洋課長は「家庭の問題がここまで高いとは思っていなかった」と感想を述べた。

震災で親を亡くした遺児と孤児は宮城県内で約1000人に上る。親が仕事を失うなど収入が安定しない家庭は数限りない。プレハブの仮設住宅やみなし仮設などから通学する児童・生徒は現在も県内に約5300人いる。鈴木課長は「住宅、就労の問題が子どもたちの安定、学校生活の安定につながる」と語った。

アンケートでは学力低下を問題点に挙げる回答が約2割あった。昨年8月に発表された全国学力テストでも宮城県の小中学校は成績が後退し、震災の影響が指摘された。

鈴木課長は「学力低下に震災の影響はある」と述べた上で、「震災のストレスや不安感があると集中力が低下し、授業に集中できない。仮設住宅など家庭の学習環境も良くなく、吸収力が落ちている」と解説する。

「不登校増」「精神面で不安定」など内面や行動に関する項目も多かった。阪神大震災では不登校などの問題行動が3〜5年目にピークを迎えている。兵庫県教委教育企画課の野口博史指導主事は「精神面で不安定な子どもは数字以上にいると思った方がいい。子どもは元気に見えても内面は別のことがよくある」と助言する。

「その他」の回答で「クレーマーの保護者が増えた」という記述が複数あった。野口指導主事は「親がイライラすると子どももわずかなことでイライラし、それを見た親が学校に抗議するという悪循環が起こり得る」と、被災地ならではの現象に言及した。

教職員に関しては「精神的ストレス」が16％あった。宮城県教職員組合の瀬成田実書記長は「実態はもっと多い印象だ。我慢して声を上げない教職員が多いのではないか。負担を減らすため、教職員の数をもっと増やすべきだ」と主張する。

アンケートは県内の沿岸自治体15市町の245校を対象に実施した。津波で人的、物的被害があった学校と、ほとんど被害のなかった内陸寄りの学校が混在する。7割の校長が「問題あり」と答えた結果から、瀬成田書記長は「被災校以外でも、多くの学校が悩みを抱えていると見なければならない」と、問題の広がりを指摘した。

宮城県内沿岸部の小中学校校長に対する東日本大震災関連アンケート結果

2013年12月実施

【注】棒グラフは小中全体の平均。(　)内は小中それぞれの平均。

問1

震災から2年9カ月がたちますが、あなたの学校や児童・生徒に震災の影響と思われる何らかの問題はありますか。

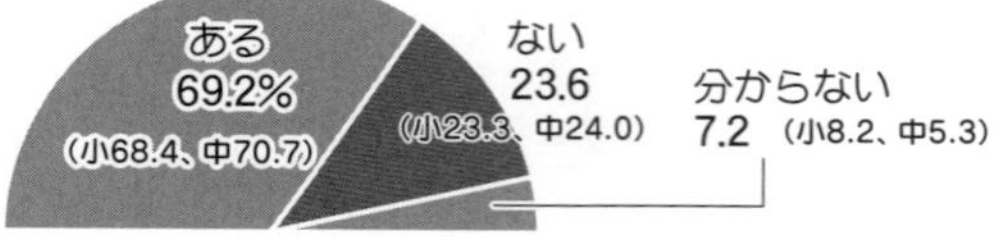

問2

問1で「ある」と答えた方に聞きます。震災の影響と思われる具体的な問題は何ですか。該当するものを全て選んでください。

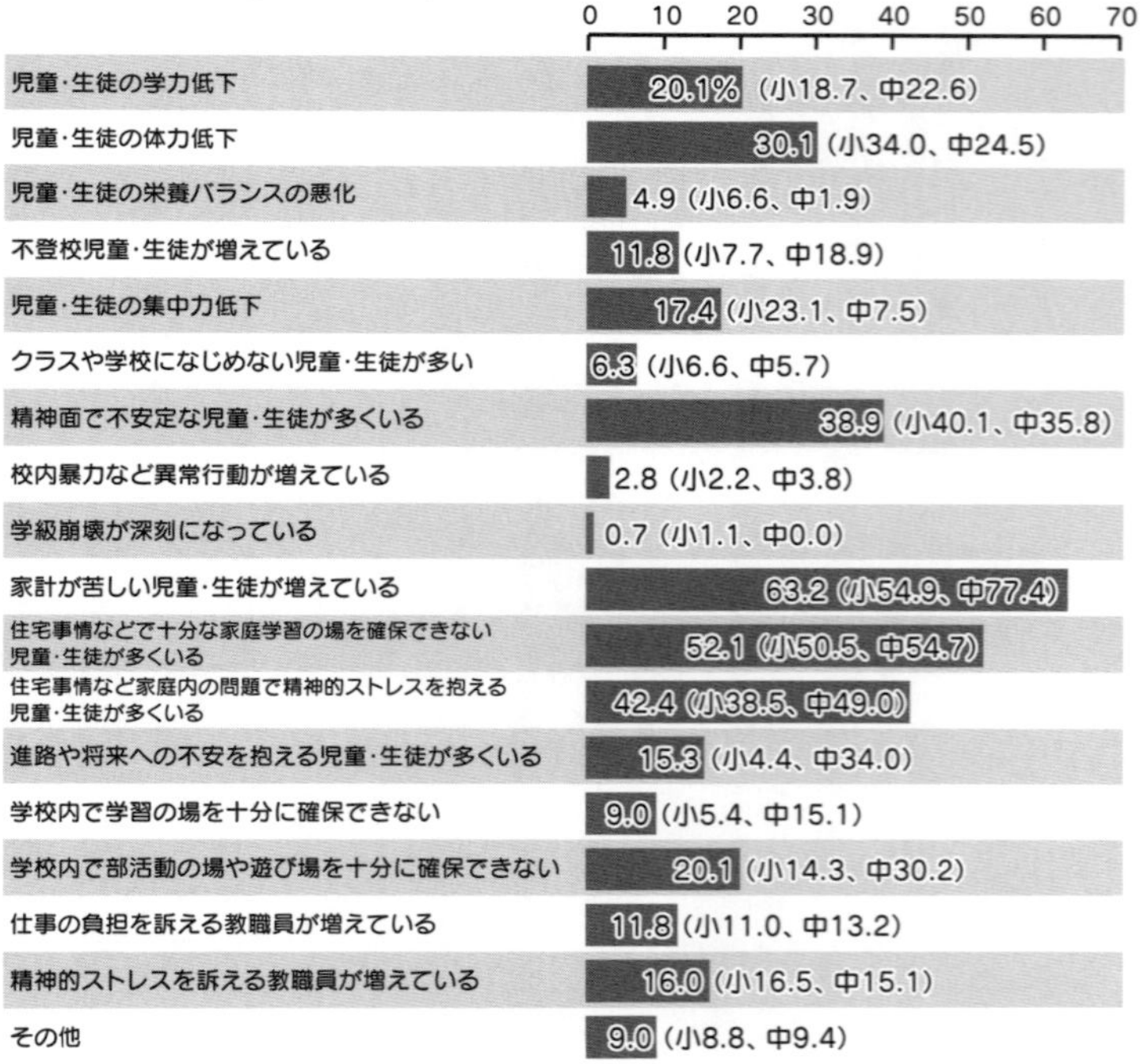

問３

被災地全体ではつらい体験をした児童・生徒が多くおり、今もさまざまな問題が指摘されています。被災児童・生徒の現状をどう見ていますか。

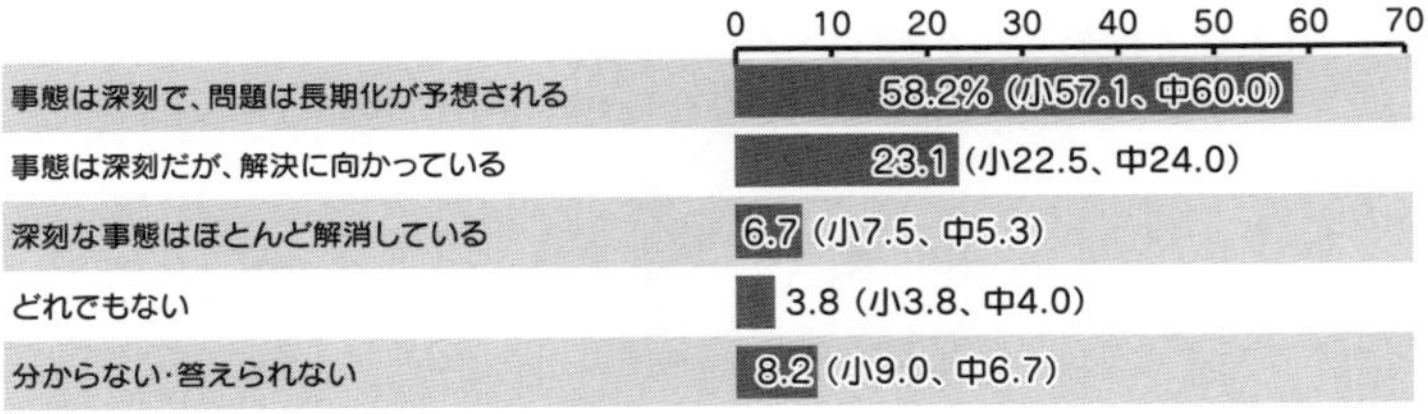

問４

被災児童・生徒とその家族に対する行政や学校、地域、民間、ボランティアなど周囲による支援は十分だと思いますか。

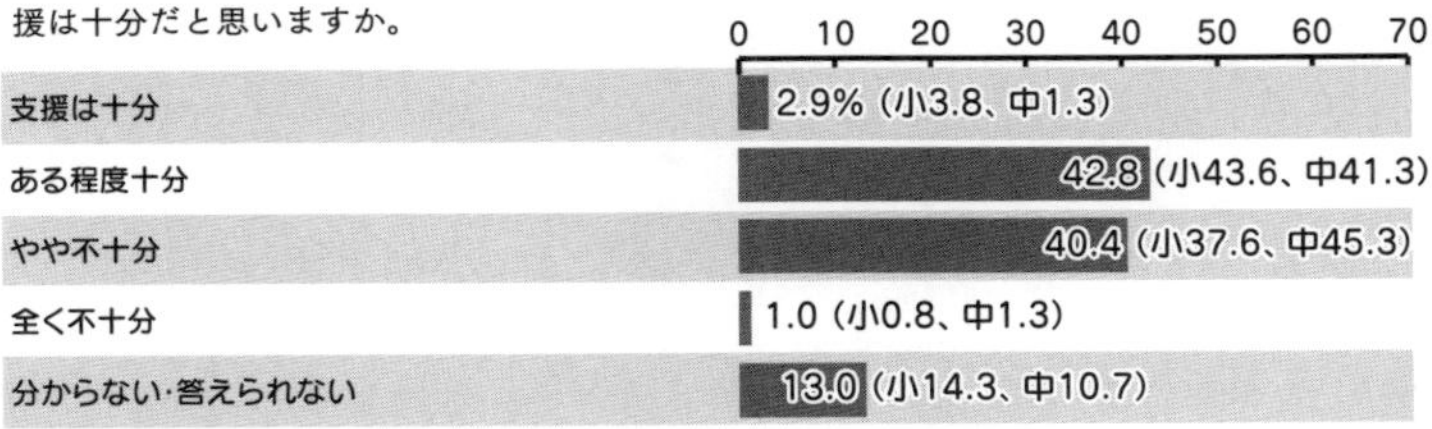

問５

問４で「やや不十分」「全く不十分」と答えた方に聞きます。十分でないのは何だと思いますか。該当するものを全て選んでください。

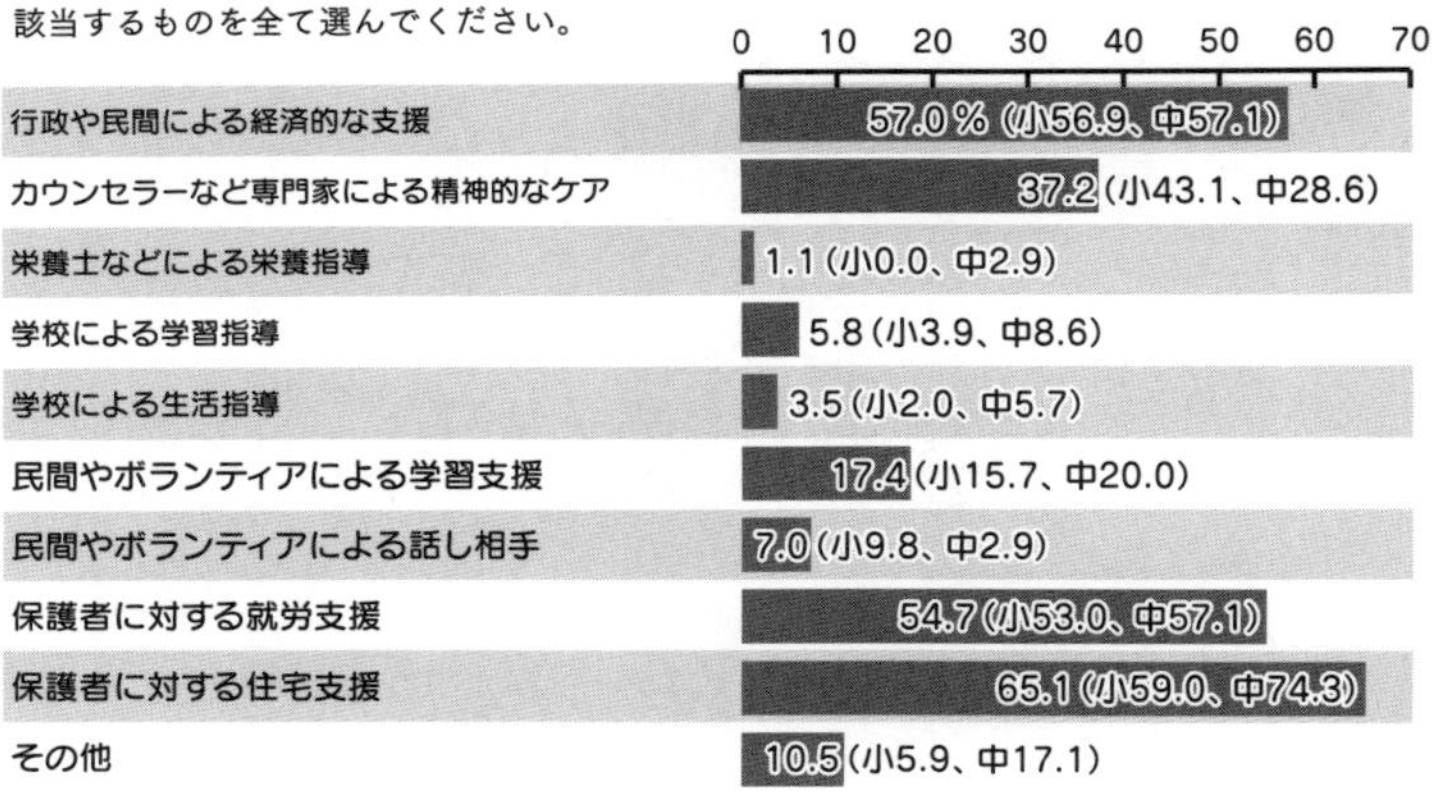

あとがき

津波で両親と姉、祖母を失い、ひとりぼっちになった男の子はこの春、中学生になった。第9部で紹介した石巻市の辺見佳祐君。里親となった伯母の日野玲子さんとの2人暮らしは6年目に入った。中学では柔道部で黒帯を目指して練習に励んでいる。

未曾有の津波被害をもたらし、史上最悪レベルの原発事故を引き起こした東日本大震災。多くの子どもが大切な家族や友達を奪われた。放射能に追われ、住み慣れた古里を離れざるを得なくなった。

阪神大震災（1995年）では、発災から3年後に子どもたちを巡る問題が目立つようになった、と言われていた。

過酷な現実に直面した東北の子どもたちは、どんな問題を抱え、困難をどうやって乗り越えようとしているのか。

東日本大震災から2年半がたとうとしていた13年秋、災後を生きる子どもたちの素顔を探ろうと取材に取りかかった。

復興支援のイベントや学校行事の取材などで子どもたちに話を聞く場面はあっても、彼らの日常や思いに接する機会は多くはなかった。震災取材を通して培った人脈を頼りに、手探りで被災地を歩き始めた。佳祐君と玲子さんも取材で出会った一家族だ。

被災体験に迫るためには、プライバシーに深く踏み込む必要がある。心の傷が癒えない子どももいる。大人が何を考えているか、子どもたちは観察し、見極めている。心を開いてもらい、本当の気持ちに少しでも近づけるよう、苦心しながら取材を続けた。

災後の日々を見詰めるだけでなく、普段は表面に現れにくい子どもたちの思い、心のひだを丁寧にすくい上げるよう心がけた。被災地や避難先で生きる子どもたちの境遇はさまざまだ。子どもを支える仕組みは十分なのか、周囲の大人が何をすべきなのかもルポを通して考えた。

取材で見えてきたのは、悲惨な体験や喪失感、生活の苦しさを抱えながらも、周囲の助けを得て、成長していく姿だ。どんな状況でも前を向こうとする力強さとしなやかさ。傷つき、悩み、迷いながらも歩みをやめない子どもたちの姿は、災後を生きる全ての人々へのメッセージになったと思う。

さまざまな事情で紙面で取り上げることができなかった人たちを含め、たくさんの家族、支援者の方々の理解と協力なしに連載は成り立たなかった。この場を借りて改めて感謝を申し上げたい。

子どもは日々、成長し変化する。連載が終わって2年近くが過ぎようとしている。進学や就職で人生の新たなステージに入った子どもも少なくない。佳祐君をはじめとする登場人物たちが今後、どのような災後の日々を歩んでいくのか、軌跡を追いかけたい。

取材は報道部の大友庸一（現福島総局）、菊池春子、坂井直人

（現大船渡支局）、古賀佑美（現南三陸支局）、関川洋平、福島総局の浦響子（現スポーツ部）、写真部の安保孝広、鹿野智裕が、デスクは報道部副部長の古関良行（現石巻総局長）が担当した。

2016年8月

河北新報社取締役編集局長　鈴木　素雄

河北新報社

1897(明治30)年に創刊。宮城県を中心に東北6県を発行区域とする地域ブロック紙。「東北振興」を社是として119年間、発行を続けている。2011年3月の東日本大震災では、沿岸部の総局・支局が浸水、流失し、本社組版サーバーが倒壊、販売店関係者十数人が犠牲になるなど甚大な被害を被った。こうした困難の中でも「被災者に寄り添う」編集方針を貫き、被災地の実情や切実な訴えを伝えてきた。「東日本大震災」報道で新聞協会賞(2011年度)、菊池寛賞(第59回)を受賞した。

ブックデザイン　長谷川 理

透明《とうめい》な力《ちから》を　災後《さいご》の子《こ》どもたち

2016年9月12日　第1刷発行

編　者　河北新報社《かほくしんぽうしゃ》
発行者　千石雅仁
発行所　東京書籍株式会社
東京都北区堀船2-17-1　〒114-8524
電話　03-5390-7531(営業)
03-5390-7515(編集)
印刷・製本　図書印刷株式会社

ISBN978-4-487-81047-5 C0095

東京書籍ホームページ　http://www.tokyo-shoseki.co.jp

日本音楽著作権協会(出)許諾第1609168-601号